グローバル時代の歴史学

グローバル時代の歴史学

リン・ハント
長谷川貴彦 訳

WRITING HISTORY
IN THE GLOBAL ERA

Lynn Hunt
Translation Takahiko Hasegawa

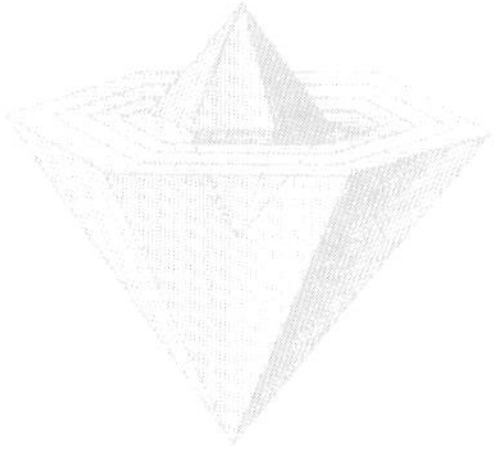

岩波書店

WRITING HISTORY IN THE GLOBAL ERA

by Lynn Hunt

First published 2014 by W. W. Norton & Company, Inc., New York.

This Japanese edition published 2016
by Iwanami Shoten, Publishers, Tokyo
by arrangement with
W. W. Norton & Company, Inc., New York
through Japan UNI Agency, Inc., Tokyo.

マーガレット・ジェイコブに

謝辞

ほとんどの書物がそうである以上に、本書は新たな発見の旅の連続であった。カリフォルニア大学アーヴァイン校で大学院生たちに文化史の将来について話をしたとき、偶然にも聴衆のなかにドイツの著名な文化理論家であるハンス・メディックとドリス・バッハマンがいた。ハンスはベルリンでの彼のセミナーに私を招いてくれ、そこでカリフォルニアでの講演をより完全なかたちにしたものを報告させてもらった。それは、彼が長年関与してきた雑誌『人類学史評論』に発表された。同じテーマについてピサ大学とパドヴァ大学で話をしたときには、イタリア側の主催者であるアルベルト・バンティ、ヴィンツィア・フィオリーノ、カルロッタ・ソルバは、ＥＴＳ出版社刊の文化史に関する新たなシリーズのために、もっと長文で私の考えていることを活字にするよう勧めてくれた。イタリア語版『グローバル時代の文化史』は、ジョヴァンニ・カンポーロによって訳出され、二〇一〇年に刊行されている。そうした友人や仲間たちには、この問題を継続的なかたちで考えるよう促してくれた点で大いに感謝したい。また、ジョヴァンニには、その労苦に満ちた訳業に対して謝意を申し上げたい。

その当時でさえ、文化史の将来についての考察には完全には満足していなかったので、多くの友人たちが英語版の原稿全体を読み、改善の余地を指摘してくれた。スザンヌ・デサン、サラ・メイザ、マーシー・ノートン、ジャック・ルヴェル、ソフィア・ローゼンフェルト、ヴァネッサ・シュワルツが、草稿を読んで、貴重な提言をしてくれた。彼／彼女たちは、そうした助言に対する私の反応のすべてには満足しないかも知れない。しかし、快く貴重な時間を割いてくれたことに対して、いかに私が感謝しているかはわかってもらえよう。それに加えて、主題は文化史ではなく、より広い領域である文化理論とグローバリゼーションにすることを決意した。マーガレット・ジェイコブは、本文に多くの人名を入れすぎていることを不満として、私に軌道修正するよう提案してくれた。だが、誰よりもＷ・Ｗ・ノートン社の編集者であるエイミー・チェリーは、曖昧で、もったいぶった、単に混乱させるような記述を容赦なく取り除いてくれた。草稿全体に編集者による鉛筆の書き込みを見つけることとは、必ずしも心地のよいものではない。しかし、本書が読むに堪える作品となっているとすれば、多くは彼女のおかげである。もちろん、残された問題に対して負うべき責任が、すべて私にあることはいうまでもない。

最後に、過去二五年にわたり私と人生をともにしてくれたマーガレット・ジェイコブに、この書物を捧げることにしたい。

目次

序論　歴史学の運命

本書は小著ながらも、大きなテーマを取り扱っている。それは、グローバル時代における歴史叙述という問題である。私が本書の執筆を志したのは、二つの新たなる展開が歴史学の風景を変容させていると考えたからだった。一九五〇年代以来、歴史叙述を刺激してきた社会理論ならびに文化理論がその活力を失い、将来において歴史がいかに叙述されるべきかについての不安定な状況が醸成されている。同時に、グローバリゼーションを語ることが葛のつる草のように増殖してきた。それは、将来の方向性や過去の意味を決定するあらゆる試みにまとわりついている。グローバリゼーションは、歴史学を活性化する新たな理論なのだろうか。それとも、潜在的な競合相手を沈黙させて、西欧モデルに基づいた世界の近代化が不可避であることだけを印象づけるものなのであろうか。

著名人の伝記や大戦争についての書物が相変わらず人気を博す一方で、歴史学は危機にあり、それは大学における予算の危機を意味するだけではない。問題は「それが何の役に立つのか」ということにあり、それは回答が困難であることが証明されてしまった。かつて、その答えは明白であったように思われる。一九世紀にすべての男子学生（男性だけが大学への入学を許されていた）が古代ギリシア史やローマ史を学んでいたのは、そうした歴史が未来の指導者たる彼らにモデルを提供するとされたからである。ハーヴァード大学では、一八五二／五三年度の必修科目として、以下のような知識が列挙されていた。代数や幾何学、ヴェルギリウスの作品やカエサルの記録（『ガリア戦記』『内乱記』）、キケロの弁論集やラテン語文法、ギリシア神話からの抜粋集、ジョセフ・ウースターの『歴史の初歩と地理学の初歩』のなかの古代史や古代地誌の部分、そして、ラテン語やギリシア語の作文能力などであった。学生たちはひとたび入学が認められると、最初の学期に中世史か近代史のどちらかを選択し、また化学、物理学、生物学などのコースを選択することになった。しかし、ギリシア文学やラテン文学などの古典が、専門課程にあがるまでのカリキュラムの中心に位置していたのである[1]。

一九世紀後半ならびに二〇世紀初頭において、歴史学には新たな役割が付け加えられる。それは、国民《ネーション》に対する教師としての役割である。歴史学は国民的アイデンティティを強化し、多くの場合、それを創出することさえもあった。学生たち、とくに初等ならびに中等教育の学生たちは、たとえ彼ら自身や親が移民であっても、国民への帰属が共通の過去をもっている点に由来するのだということを学んだ。一九一一年の学校教育に関するアメリカ歴史学協会の報告によると、歴史の学修期間が四年からわずか三年に短縮されることになっても、米国史は犠牲にされるべきではないとされた。「あからさまにいえば、そうした科目は、学校カリキュラムでしかるべき時間を与えられなければならないのだ。もし省略が必要ならば、少年・少女が市民となる準備期間にとって最も影響がなく直接的でない科目に対して、どこかで調整がおこなわれるべきであろう[2]」。大学における歴史学部が拡張するにつれて、（合衆国における米国史、フランスにおけるフランス史などの）国民史がますます支配的になり、最終的にはギリシアやローマの歴史を凌駕していった。

　諸国民の歴史は、大衆政治と大衆文化の台頭によって緊急性と目的意識を獲得していく。すべての人が何らかの基礎教育を受けるべきであるという思想は、一九世紀末にいたる時期の合衆国と西欧に起源をもっている。一九〇〇年にはアメリカの少年・少女たちの半数が学校に登録されていたが、一九四〇年には七〇％、一九七〇年には九〇％とその割合を増していった。(3) ギリシアやローマの弁論術は、政治的エリートを訓練するには役に立つのかもしれない。しかし、初めて学校に通う炭坑夫や困窮した移民の息子や娘たちにとっては、どのような役に立つのであろうか。大衆を国民に統合するには、さまざまなアプローチが必要とされる。多様なエスニック集団、階級、地域出身者からなる多元的な国民をひとつにまとめる共通の糸を、国民の勃興の物語は提供していたのである。

　したがって、ひとつの学問分野としての歴史学は、一九世紀と二〇世紀のナショナリズムと象徴的な関係をもって成長してくる。歴史は新興諸国に対してかつては抑圧され無視されていた遺産を提供し、英国やフランスのような最も古い国民国家においてさえ、アイデンティティを強化していった。初等ならびに中等教育のレヴェルで教えられる歴史のなかでは、自国を対象とすることは明白であった。歴史学は、普通教育や代議制政府の登場とあいまって、国民国家内部のほかの市民に親近感をもってもらうことを主たる目的として、初等・中等学校の生徒に教えられている。二〇〇九年三月一九日の合衆国での最近の例をひとつあげてみよう。ラマル・アレクサンダー上院議員が法案六五九号を提出して、アメリカの歴史と市民性の教育と学習の改善を図ろうとしたのだった。その狙いは、初等・中等学校で「伝統的な米国史のプログラム」を強化することにあり、二〇一〇年財政年度に一億五〇〇〇万ドルを支出するものだった。法案で言明された目的は、生徒たちの合衆国史に関する知識の欠如を克服することにあった。なぜなら、その欠如が未来の市民にとって障害となると見なされていたからだった。「アメリカの民主主義と世界における立ち位置の強化は、私たちの子どもたちが国家の過去に対しての理解を保持できるかどうかにかかっている」のである。(4)

国家統一を目的として歴史が利用されることは、最近になって独立を獲得した国家では、よりいっそう明白なものとなっている。ウクライナにおける教育改革の青写真は、一九九一年にウクライナが独立を果たした直後に教育大臣によって起草されたが、それは「教育の国民的形態、つまり国土と教育との密接不可分性、国民史と伝統との有機的統一性、ウクライナの国民文化の保存と強化の原理」に基づいたものであった。二〇〇一年以来、タラス・シェフチェンコ記念キエフ国立大学の歴史学部では、学修課程としてウクライナにおける国家の発展だけに焦点を当てていた。たとえば、そこでの授業科目としては、「世界におけるウクライナ――歴史、文化、生活」「ウクライナの原始ならびに古代史の展開」「ウクライナにおける多党制の形成の諸問題、一九八〇―九〇年代」などが提供されていた。(5)

国民史は、あらゆるところで歴史教育におけるパンとバターの問題であり続けている。合衆国では、専門学校や大学での歴史学の三九%が米国史を教えているが、それに続く最大のカテゴリーはヨーロッパ史で、学部の四分の一を超えていた。フランス、ドイツ、英国での国民史の割合は、さらに高いもので、ドイツの場合ではほぼ半分にまでいたっている。ウクライナの例に見られたように、自国への執着は西欧や合衆国に限られるものではない。デリー大学では、歴史学部の一三人のスタッフ全員が、インド史を専門とする正教授として登録されている。北京大学の歴史学部はインドの場合に比べて国民史への志向性が弱いが、学部スタッフの半数が中国史を専門としている。オーストラリア国立大学の歴史学部では、学部の三分の二がオーストラリア史の研究をしている。(6)

国民史は、現在にいたるまでその優位性を保持している一方で、しばしば劇的かつ論争的なかたちで変化を重ねている。すでに一九五〇年代に国民の語り《ナラティヴ》は、ヨーロッパだけではなく、とりわけ合衆国において、論争の火花を散らすことになった。政治史、とりわけ政府高官やエリート政治家の行動の研究は、もはや多様性を増し教育水準を上げた一般市民を満足させるものではなかった。エリート・サークルの外側の集団を研究する社会史が前面にでて、単科大学や総合大学に在籍する人びとの関心を引くようになった。一九六七年に、一八歳から二四歳のアメリカの男性の三分の一と女性の五分の一は、単科大学や総合大学に進学していた。一九八八年には、女性の進学率(一八歳から二四歳の人口の三〇・四%に当たる)が男性のそれ(三〇・二%)を凌駕して、その後、この不均衡は拡大していった。一九六七年には、白人の二七%と比べた場合、アフリカ系アメリカ人の一三%のみが大学へ進学していたが、この格差は一九七〇年代には是正された。白人の進学率が急上昇した一九八〇年代後半から九〇年代にかけての短い期間には格差が拡大したが、二〇〇〇年代には再び是正されていった。二〇一〇年には、この数字は、それぞれ、一八歳から二四歳のアメリカ人男性の進学率が三八%、女性が四四%、白人が三八%、アフリカ系アメリカ人が三二%となっている。(7) 国民史の民主化は、大学の民主化と手を携えて進展していった。労働者、奴隷、先住民、女性、マイノリティの経験は、もはや無視することはできなくなったのだ。

新しい社会史が合衆国で影響力をもった原因としては、奴隷や移民の過去をもつ人びとからなる国民であったこと、急速に大学教育が拡大していったことなどがあげられよう。しかし、新しい社会史は西欧に起源をもち、グローバルな影響力を享受していた。ひとつには、西欧で実践されていた歴史学というものが、グローバルな歴史記述に影響を与えていったことによる。この点で、アルベール・ソブールの『共和暦第二年のサン・キュロット』(一九五八年)〔邦訳『フランス革命と民衆』井上幸治監訳、新評論、一九八三年〕やE・P・トムスンの『イングランド労働者階級の形成』(一九六三年)は、最良の事例を提供してくれよう。ソブールやトムスンが狙いとしたのは、下層階級の戦闘的な物語を強調することによって、みずからの国民の語りを変容させることにあった。しかし、彼らの先駆的研究は、ほかの国の歴史家たちをも刺激することになる。フランス革命などの革命運動を研究するものは、ソブールの発見した下層階級の行動の重要性を無視できなくなったのだ(サン・キュロットとは、上流階級の穿く膝丈のズボンを身につけていないものを意味する)。トムスンの権威は、ずっと大きなものがあり、一九九七年にあるインドの歴史家が述べていることだが、「トムスンの叙述はその英国人らしさによって特徴づけられる」が、「彼の作品の影響力はグローバル」で、とりわけインドでは絶大であった。(8)

合衆国での社会史の台頭は、労働組合、フェミニズム、あらゆる種類のマイノリティの権利運動などの同時代の運動を定着させるのに役に立った。したがって、それらは歴史学にもうひとつの政治的目標を与えることになる。すなわち、偏見と差別の過去を新たに発見することで、排除されてきた人びとのアイデンティティを確立することになったのである。しかし、その成功は独自の問題を生み出す。新たな作品がより包括的な国民の語りへの要求を創出するにつれて、将来の作品の方向性をめぐる軋轢を生み出した。かつて排除されていた人びとを、国民の語りに加えるだけで十分なのであろうか。国民国家の物語そのものが、解体されるべきなのではないか。(9)

過去にさまざまなかたちで排除をおこなってきた事実が認識されることで、歴史の目的についてのコンセンサスが掘り崩されてきた。歴史というものは、国民を形成することについての学問なのであろうか。あるいは、国民の形成が、排除された人びとを無視したり忘れたりすることと表裏一体であるということを説明するための学問なのであろうか。歴史家の役割は、解釈の幅こそあれ、凝集力をもった国民の語りを提供したり、そのような語りの欠陥への批判を提供したりすることなのだろうか。歴史学は真理や物語についてのものなのだろうか。偏見や差別を正当化するために用いられる神話やイデオロギーの別の形態なのだろうか。かつての歴史学の失敗は、歴史学そのものの研究を誘発しているように思われる。

学者や活動家たちは、この論点を深めるために、新たな種類の理論に目を向けることになった。理論そのものは、新しいものではない。二〇世紀初頭に歴史学が学術的な領域としてのかたちを整えるにつれて、歴史家はより理論的志向性をもった社会科学を取り入れるようになった。たとえば、ソブールやトムスンの研究はマルクス主義に深く根ざしており、彼らは理論的マルクス主義に対する貢献としてその著作を執筆していたのであった。彼らはどのような類いの労働者が最も組織化されやすく、また革命化しやすいかを知りたかったのである。ほかの歴史家たちは、フランスの社会学者エミール・デュルケームであれ、ドイツの社会学者マックス・ヴェーバーであれ、あるいは彼らの後継者であれ、知的刺激を社会学理論から引き出してきた。デュルケームもヴェーバーも、マルクスには批判的な立場をとっていたが、マルクスと同じように、何らかのかたちで近代化論を提示していた。つまり、どのようなかたちで「近代」が登場したのか、将来どこに西欧社会を連れていくのかといった、近代性《モダニティ》の顕著な特徴についての説明であった。

ちょうど近代化論者やマルクス主義者が画期的な研究を生み出していたときに、歴史家たちは彼らの有効性について疑義を呈し始めた。ソブールとトムスンの研究は、そのことを示す事例となった。一九五〇年代末と一九六〇年代初頭に出版された時、彼らの書物はマルクス主義者の仲間内でさえ論争の嵐を引き起こした。ソブールとトムスンは、独自のやり方で生活様式や戦闘的分子に注意を促したため、伝統的なマルクス主義の階級や生産関係についての経済的概念に比べて、文化的側面にいっそうの重要性を与えることになった。要するに、トムスンとソブールは、文化への無関心というマルクス主義の限界を明らかにしたのであり、それを修正しようとさえしていたのである。

近代化論に影響を受けた研究は、同じような運命をたどっていた。近代の理念そのものが過度に西欧的な価値と発展モデルに結びついていると見なされるようになったのだ。明け透けにいえば、学者たちは、近代化論における近代性を西欧社会や合衆国における発展の経路と同一視するようになった。たとえば、マックス・ヴェーバーは、伝統的な形態と近代的な形態を区別し、後者を合理性と同一視した。ヴェーバー自身は、近代の市場や国家における権威の「合理的で合法的な」形態には批判的ではあったが、生活様式の「伝統的形態」や非近代的形態に含まれる否定的な意味合いを無視することは難しい。ヴェーバーによれば、伝統的形態は、責任範囲の明確化、没人格的支配、職位の階層的構造、人事の客観性などを欠いていた。伝統的なものとは、近代との対比のなかで欠落しているものによって定義されたのである。(10)

文化に着目することは、そうした袋小路を脱出するうえでのひとつの道筋を提供してくれた。また、それにともなって新たな理論が登場することになった。一九五〇年代と六〇年代の諸理論は物質的原因や社会学的解釈を重視したが、新たな文化理論は、言語、象徴、儀礼に注目して、因果論的説明ではなく意味論的解釈に高い優先順位をおいた。もはや問題は、なぜある種の労働者が蜂起するのかではなく、いかにして彼らがみずからをほかと異なる存在として考えるにいたったのかを探究することにあった。新たな文化理論は、多様でかつ混乱を来すようなラベルのもとでグループ化されることになった。言語論的転回、ポスト構造主義、ポストモダン、ポストコロニアリズム、カルチュラル・スタディーズ、あるいは、単に「理論」などである。本書の第一章が説明しようとするのは、なぜそうした文化理論が登場したのか、それはいつのことだったのか、何がそれらを結びつけていたのか、そして、なぜその優越性が新たな歴史学の目的についての問題を提起したのか、ということにある。とりわけ新しい文化理論が、歴史学において真理を確立することについての懐疑主義を誘発して以来、目的の問題は重要なものとなっている。ときに学問分野としての歴史学は、本質的にヨーロッパ中心主義的であり、現在ではその有用性は限られてきているという主張にいたることもあった。

この文化理論への転回に対する期待と失望を検討してみると、なぜグローバリゼーションが最近になって強力な話題となっているのかが理解しやすくなろう。文化理論は歴史の有用性についてのコンセンサスを瓦解させたが、それ以前の社会理論に対する魅力的なオルタナティヴを提示できなかったのである。グローバリゼーションは魅力的なオルタナティヴのように見える。しかし、それはグローバル・ヒストリーについて語っているが、依然として西欧を特権化しており、なぜ、そしていつ西欧がグローバルな覇権へと昇り詰めたのかという「大きな問題」への回帰を提案しているのである。文化理論がローカルでミクロな歴史を重視したのに対して、グローバリゼーションの語りは、本質的にトランスナショナルでマクロな歴史的発展を重視することになる。それはまた、歴史研究にとっての新しい目標を提示する。つまり、ますます相互依存を深める世界での私たちの立ち位置を理解することである。第二章は、グローバリゼーション・パラダイムの登場とそれが歴史研究に与えた影響を検討する。

しかし、グローバリゼーションは、唯一の可能なオルタナティヴなのではない。それ自身が、独自の問題を創り出している。グローバリゼーションがあまたの生活の側面に影響を与えている一方で、その影響は不均等なもので、ある場合には限定的である。グローバリゼーションは何百万という新たな移民を合衆国の初等学校に連れてきたのかもしれない。だが、彼らがそれをどう受容したのかは、地元の文化、地域経済、国家の政策によって異なるものとなる。それらのすべてが、完全な歴史像を描くためには検討されなければならない主題なのである。グローバルな参照の枠組みは、必ずしも最重要なものであるとは限らない。したがって、第三章、第四章では、社会・文化理論の古典的な問題に立ち返って、それらに対する何らかの新たな解答を提示することにしよう。そうした問題のなかでも最も根本的なものは、「社会」と「自己」のカテゴリーに関わるものとなる。社会と自己の意味は、しばしば自明なこととして受け止められている。もし私がアメリカ社会について言及するならば、あなたが私の意味するところを知っていることを前提とするだろう。しかし、より厳密に検討してみると、ふたつのカテゴリーは曖昧なものであることがわかる。曖昧さの原因を検討することによって、そうしたカテゴリーに対する、よりよい扱い方を手にすることができる。なぜならそれらは、依然として社会的・文化的な分析にとって不可欠の構成要素だからである。社会と自己への関心を刷新することによって、歴史学に対する新たな視座を発展させることができるだろう。それは、ここ数十年間の社会文化理論から発展した批判的見解のいくつかを取り込みながら、同時にそれらに対する異議申し立てをするものとなろう。

過去とは、語義からすれば過ぎ去ったものである。しかし、過去は常に変化を遂げつつある。なぜなら、歴史家も歴史学の目的とするところも変化をしているからだ。古代の政治的指導者、国民の勃興の物語、ある集団の迫害と排除の説明、グローバリゼーションの拡大。過去において新たなものを探し求めるならば、予期せぬ史料を発見したり、予測しなかった結論に到達したりすることがある。この多様性は、歴史学の脆弱さや軽薄さ、歴史家のもつ固有の偏見とバイアスの徴候なのではない。視点というものがなくして、ものを見ることはできないからだ。歴史学の目的の絶え間ない発展は、むしろ活力の記号なのである。新たな時代は、時間軸のなかでのその立ち位置への理解を探し求める。歴史学というものがなくして、それを手にすることは不可能なように思われる。

第一章　文化理論の盛衰

四つのパラダイム

一九七〇年代以来、文化理論は歴史学を牽引する役割を果たしてきた。それは、通常の歴史叙述に対して説得力のある批判を提供してきたからだった。第二次世界大戦後の歴史研究には、四つの主要なパラダイムが存在した。すなわち、マルクス主義、近代化論、アナール学派、そして、とりわけ合衆国では「アイデンティティの政治 identity politics」であった。それぞれのパラダイムが、多様な文化理論によって批判にさらされてきた。その四つがトマス・クーンのいう意味での「パラダイム」を構成していたのかと疑問を呈するものもあろう。クーンは、科学革命の本質に関する分析で、パラダイムという言葉に汎用性を与えることになった。一九六二年にクーンの影響力をもつ書物が出版されたあと、研究者たちは彼の言葉の正確な意味と、別の分野に応用できるかどうかについて論争を重ねてきた。そして、その言葉は、有効であることが証明された。したがって私は、これを用いることに躊躇はしない。だが、私なりの定義を読者に提示するのも意味あるものとなろう。すなわち、私が「パラダイム」という言葉によって意味しているのは、歴史的発展の包括的解釈、ないしは「メタ物語《ナラティヴ》」である。そこには、以下のものが含まれている。(一)意味を決定する諸要素間の階層的関係、そしてこの階層的関係が、(二)研究のアジェンダを設定する。つまり、研究する価値があると思われる諸課題を選択し、そうした研究を遂行するために利用する適切なアプローチを決定する。(1)

四つのパラダイムは、私の定義には適合的なものとなる。だが、多くの研究者が次のような不満を述べるのはもっともなように思われる。単一のマルクス主義など存在しない、統一的な近代化論など存在しない、アナール学派は一枚岩ではない、アイデンティティの政治にとって単一の綱領などはない、などと。この点で、マルクス主義は最も簡単に特定できるパラダイムとなる。というのも、一人の人間の著作のなかに究極の思想的起源があるからだ。マルクスの見解によれば、不断の階級闘争によって、最終的には労働者が資本家に勝利して革命を通じた共産主義社会の樹立へといたる。すべての歴史は、階級間の闘争に表出される生産関係内部での変化を原動力としている。たとえば、工場が機械を導入して手織り工を駆逐すると、組織化されて工場所有者の支配権をめぐって争うことになる労働者階級が登場した。したがって、マルクス主義の歴史家のあいだでは、古代奴隷制、封建制、資本主義などの独特な生産様式の研究だけではなく、革命、労働運動、社会主義政党や共産主義政党の研究が促されていった。序論で論じたソブールとトムスンの著作は、このパターンに適合的なものであった。

近代化論のパラダイムは、同じように一人の著作に結びつけることはできない。だが、その知的起源としては一九世紀末の社会理論家、デュルケームとヴェーバーが決定的である。デュルケームとヴェーバーは、しばしばマルクスとともに社会学の創始者の三人として引用される。デュルケームとヴェーバーは、近代の到来についての非マルクス主義的な解釈を探し求めていた。デュルケームは、資本主義的生産様式に代わって、社会的分業の進展、つまり労働の場での機能の専門化を重視していた。社会が複雑化して多様化すると、旧い価値観が解体して、社会的疎外感やアノミー〔無秩序、自己喪失〕と呼ばれるような感覚にいたる。そこで人権のような新たな価値が要請されることになる。ヴェーバーは、これまで見てきたように、たとえば国家官僚制の成長を通じた合理化の進展に注意を促した。しかし、彼もまた近代化のもつ潜在的に否定的な側面を見ていた。官僚制化は「鉄の檻」や「氷に閉ざされた暗黒の極北」になりうるのであって、解放のイメージとはほど遠いものであった。それでも、二人は、近代化を不可避のものと考えていたのである(2)。

デュルケームやヴェーバーの概念が一九五〇年代、六〇年代の近代化論のパラダイムに組み込まれていったとき、彼らの近代への批判的な見解はほとんど忘れられることになった。とりわけ合衆国の社会学者や政治学者は、近代化への西欧的経路をほかの地域にとってのモデルと見なしていた。この場合の「近代性《モダニティ》」は、普遍的なカテゴリーである。近代化論の評判は合衆国のヴェトナムでの敗北で厳しい試練にさらされることになったが、瀕死の状態にあったわけではなかった。「近代性」は、近代化論との関係をもたないような歴史家のあいだでさえも、依然として歴史叙述の中心的な概念でありつづけた。古代、中世、近代といった時代区分や分業体制が、広く受け入れられていたのである。

近代化論の重要な構成要素は、グローバリゼーションをめぐる叙述のなかで再び登場してきている。(3)

近代化論のパラダイムは、デュルケームやヴェーバーの知見に依拠しながら、知識や社会的機能の分化の進展、国家権力の拡張、都市化、移民、新技術などの増大を重視した。資本家と労働者の階級闘争を重視するマルクス主義に比べて、近代化論は、取り残され、近代世界への参入に抵抗している伝統的な諸勢力と近代化の諸力とのあいだの不均衡に紛争の原因を求めることになった。したがって、近代化論パラダイムは、都市化、移民、技術革新、社会的機能分化、国家の成長に対する研究を涵養《かんよう》していった。

近代産業社会の特異性を定義しようとしたマルクス主義や近代化論とちがって、一九三〇年代、四〇年代のフランスに登場したアナール学派は、工業化以前の社会に焦点を当てた。アナール学派には三人の主要な創始者がおり、それらは全員が歴史家だった。すなわち、マルク・ブロック、リュシアン・フェーヴル、そしてフェルナン・ブローデルである。一九二九年当時、フランス東部ストラスブール大学の歴史学教授であったフェーヴルとブロックは、学派に名前を与えることになる雑誌『社会経済史年報』を創刊する。パリで雑誌が創刊されると、すぐにフェーヴルとブロックはそこに移り住むようになったが、一九四六年には『年報——経済・社会・文明』と名前を変え、一九九四年には『年報——歴史と社会科学』になった。デュルケーム派社会学との交流をもつフェーヴルとブロックは、歴史の研究を、条約、戦闘、体制変動などの伝統的な対象から、社会、すなわち社会集団や集合心性などの研究へと転換させていった。雑誌のさまざまな名称が示すように、アナール学派は、社会経済史、また歴史と社会科学との関連性を重視していた。(4)

一九三〇年代にフェーヴルとブロックは、ブローデルの師となる。ブローデルは、最初の書物を第二次世界大戦中のドイツ軍捕虜収容所で執筆した(『フェリペ二世時代の地中海と地中海世界』、ただし出版は一九四九年)。ブロックはレジスタンス運動に参加したために一九四四年にゲシュタポによって拷問されて殺害されたが、フェーヴルは一九五六年に亡くなった。その後、ブローデルは編集長の座を譲り受け、人間科学館を設立するためにアメリカの財団から基金を調達した。これはやがてアナール学派の拠点となり、社会科学高等研究院というフランスにおける社会科学研究の指導的機関となった。ブローデルは間違いなく、『年報(アナール)』を一九四五年以降の単一の雑誌としては、最も影響力のある雑誌へと変容させていった(5)。

アナール学派の歴史家たちは、環境、気候、地理などが、人間の活動を根本的なところで規定していると考えていた。そうした諸要素は時間をかけてゆっくりと緩慢なかたちで変化していくために、革命や短期の政治的変化は、彼らの関心を呼ぶところではなかった。ブローデルは最初の書物の序言のなかで、出来事は「表面のざわつき、泡の塊であって、歴史の潮流というものが、背後に強力に存在する」と述べている(6)。問題となるのは、そうした潮流なのである。その結果、アナール学派は中世からフランス革命までの時期を対象として変化の緩慢さを強調して、とりわけ歴史人口学という新しい研究手法を発展させることに多大なるエネルギーを注ぐようになった。マルクス主義に影響を受けた歴史家は労働者を研究し、近代化論を用いる歴史家は移民や専門職を対象とした一方で、アナール学派は生活を再生産するのがやっとな水準の経済に暮らす小農民に大きな役割を与えた(7)。

四つ目の主要なパラダイムであるアイデンティティの政治は、一九六〇年代、七〇年代の合衆国で最初に定着した。ほかのパラダイムとは違って、その主たる教義は特定の個人に起源を求めることはできない。アイデンティティの政治が登場したのは、アフリカ系アメリカ人の公民権運動や女性・同性愛(ホモセクシュアル)の解放運動などの社会運動への反応のなかであった。社会史はマルクス主義とアナール学派の歴史家によって重視されてきたが、排除され周縁化されている集団の歴史にとっても豊かな土壌となることが判明した。現在、アイデンティティの歴史学は地球規模で広まりを見せている。すべての国が、国民的アイデンティティや、社会や政治のなかにおける女性、移民、マイノリティの役割についての差し迫った問題に直面しているからである。

その名前が示唆するように、アイデンティティの政治は、生物学的性、性的志向性、人種、エスニシティのいずれによって決定されるのであれ、社会的アイデンティティがあらかじめ存在することを前提にしている。したがって、それは、たとえば、イタリアのアルバニア人、合衆国の同性愛者、ペルーの女性先住民、ディアスポラのインド人女性など、社会的アイデンティティの研究を活性化している。アイデンティティの政治は必ずしも大きな物語をともなうものではないが、その叢生が意味するのは、排除されてきた人びとの包摂を通じてのみ民主化が達成されるということにあった。それはまた、政治権力は国民の物語の支配を基盤にしているということであり、女性、マイノリティ、移民集団などは、歴史や博物館などの記憶の場において国民に対する貢献が認識されれば、正当な政治的役割が得られるということである。

文化理論

一九六〇年代から九〇年代かけて登場した文化理論は、こうしたパラダイムによって共有されていた基本的な前提に異議申し立てをすることによって、パラダイムを掘り崩していった。つまり、経済的・社会的な関係が文化的・政治的表現の基礎を提供する、という前提である。文化理論のなかでの文化は、マルクス主義のように生産様式や生産関係のうえに屹立する「上部構造」として構想されているわけではない。また近代化論が抱いていたように、社会構造、コミュニケーション、国家官僚制における変化の必然的な副産物とは見なされていない。それは、アナール学派が論じたように、環境や人口動態の緩慢な力によって形成される潮流の海にある泡でもない。アイデンティティの政治によって前提とされたような所与の社会的立場によって決定される、表向きは自律的なアイデンティティなのではない。文化理論はそうした諸前提を転倒させ、文化が自律的な論理をもつことを主張する。つまり、言語や文化的表現が経済を含む社会的世界を決定するのであって、それらから演繹されるわけではない、ということだ。

文化理論は、どこから来たのか、あるいは何を論じているのだろうか。この言葉は、「カルチュラル・スタディーズ」「ポスト構造主義」「ポストモダニズム」「ポストコロニアリズム」「言語論的転回」「文化論的転回」等の理論を描写するために用いられたため、多くの混乱をもたらすことになった。同じものを意味したり、別のものを意味したりする魔法の言葉なのであろうか、それとも、その違いが問題なのであろうか。

　私の見る限り、そうした諸理論は、いとこ同士のように、文化や言語に対する親和性を共有することによって緊密に結びついている。カルチュラル・スタディーズは、一九五〇年代の英国でマルクス主義者が、マルクス主義を民衆文化研究やフランス流のポスト構造主義理論と対話させようとしていたときに初めて登場した。フランスの哲学者が構造主義を批判し始めると、彼らのアプローチはポスト構造主義と命名され、より一般的なポストモダニズムへと混ぜ合わさせられていった。近代は理性、真理、科学、自律的個人や人間の卓越性などを重視しているが、それらは言語の産物であると、ポストモダニズムは論じた。ポストモダニストによれば、そうしたすべてのカテゴリーは不安定なものであり、権力の行使の過程においてのみ定義されるものとされた。

　ポストコロニアリズム（ポストコロニアル理論やポストコロニアル研究と呼ばれることもある）は、ポストモダニズムをかつての植民地人の状況に適用したものである。ポストコロニアルの理論家たちが検討するのは、西欧の覇権が、インドのような一見すると独立している国家でも思考のカテゴリーを依然として規定している点にある。「言語論的転回 linguistic turn」は、言語の中心性を強調するひとつのカテゴリーのもとで、そうした動向をひとまとめにする言葉として用いられてきた。言語論的転回は言語学との関係性をもっているように思われるので、とりわけ合衆国では「文化論的転回 cultural turn」がその代替案として用いられた。文化論的転回は、ポストモダニズムの哲学的立場を支持することなく文化を全般的に強調したい人びとによって好まれた。だが、言語論的転回や文化論的転回という言葉は、ここでは忘れることにしよう。それらは、ごく一般的な説明にすぎないからである。(8)

カルチュラル・スタディーズは、文化の研究と同じ意味ではない。文化を研究することは、特定の理論を必要としないからだ。しかし、カルチュラル・スタディーズは、英国で登場してきたときそうであったように、決定的に理論を追求する運動であった。カルチュラル・スタディーズの歴史家のほとんどは、ジャマイカ生まれの英国のマルクス主義の社会学者で文化理論家であるスチュアート・ホールに、その胎動の起源を求めている。若者のサブカルチュアの研究者としてホールは、E・P・トムスンに代表され、ますます影響力を強めつつあった文化的マルクス主義を、人類学者クロード・レヴィ・ストロースのフランス流の構造主義と異種交配していった。それは、一九六〇年代の知的風景のなかに突如として登場して、すぐに国際的な名声を獲得することになる。(9)

カルチュラル・スタディーズは、マルクス主義を開かれたものとする試みとして始められたあと、マルクス主義を英国の思想的・政治的生活の中心から追いやることになった。ホールが論じるには、伝統的なマルクス主義は、生産をめぐる経済的範疇を強調することでイデオロギーや文化などの重要性を割り引いて考えてきた。しかし、彼流のカルチュラル・スタディーズがフランス構造主義との対話を発展させることで、イデオロギー、とりわけ文化が中心的な舞台へと躍り出ることになった。

レヴィ・ストロースは、世界中に存在する多様な親族体系の水面下にある共通の構造を発見しようとした。彼は、親族集団間での女性の交換を規制する規則のなかに構造を発見する。そうした規則は、経済的条件によって決定されていたのではなく、言葉の慣例に似たようなものであった。それどころか、レヴィ・ストロースによれば、「親族体系は、ひとつの言語である」とされた。のちに彼は、親族体系が言語にのみ類似していると言ったことは訂正しているが、そのアナロジーは彼にとって重要であった。(言語を音声の体系とする)音韻学者を高く評価することによって、レヴィ・ストロースは社会関係を体系的に組織化する無意識の構造に到達しようと試みたのである。(10)

音韻組織と親族関係は、固有の意味というよりは差異の体系の規則に依拠していた。「スノウ snow」が英語においてのみ「雪」を意味するのは、そのほかの音声や概念との関連性からで、「スノウ」という音が本質的に水を氷に結晶化する関係性をもっていたからではなかった。同じように、誰を配偶者として認めるのかは、親族関係の規則によってのみ決定された。配偶者の決定は、個人の内的属性によるものではなかったのだ。それぞれの社会は、独自の決定要因をもっている。言語と親族関係の規則は、文化のなかで生産され再生産されており、それらは個々人の思想や行為を支配することになる。しかし、それらは個々人の心のなかに意識的に存在するわけではない。要するに、レヴィ・ストロースは、文化には独自の規則があり、自律性や独自の力をもっていることを示したのである。スチュアート・ホールが記しているように、レヴィ・ストロースはマルクス主義が「上部構造」としてラベルを貼ったものを取り上げて、それに「特殊性や有効性、つまり構成的な優位性」を与えた。レヴィ・ストロースは、頭部のところでマルクス主義を転倒させたのであった。(11)

こうして構造主義が向かうところ敵なしであるかのように思われたにもかかわらず、フランスの哲学者のジャック・デリダはその諸前提に攻撃を加え始め、それによって彼は最初のポスト構造主義者となった。デリダが論じるには、レヴィ・ストロースは自然と文化の二分法を設定し、言語と意味の安定性、理性の首尾一貫性、新たな人間中心主義の必要性を誇張することになったという。構造とは、その言葉が意味するような構造化のことではない。ある種の「自由な遊び」によって、常に構造化する権力から逃走しているというのだ。デリダは、「言語がそれ自体の批判の必要を内に蔵している」とし、この批判とは、あらゆる二分法や想定される二項対立構造の内部でうごめく非決定性を証明することにあると主張している。デリダは、独自の立場を次のように定式化する。「人間と人間中心主義を超えていくこと」、つまり理性、人間、自己が真理の基準として機能するという思想から逃れていくことである。(12)

「ポスト構造主義」は、構造主義が主たる攻撃の対象として存在することをやめたときに、言葉としての重要性を失った。その後、「ポストモダニズム」という言葉が選択されたのは、論争となっている関心事の大部分を取り込むことになったからだった。そうした関心事は、近代をかたちづくることになる一八世紀の啓蒙思想から受け継いだ哲学的諸前提にすぎなかったのである。ほかのポストモダンの思想家たちは、レヴィ・ストロースにさほどの関心を払わず、デリダ独特の簡略化された文体で執筆をおこなうこともなかったが、彼らはデリダのいうところの「反人間中心主義」を共有していた。すなわち、人間(理性や自由)という概念そのものが言語の産物であり、その外部にあるものではないことを示す試みである。このようにして、ポストモダニズムは、レヴィ・ストロースの場合以上に、言語をより重要なものとした。この思想的動向と関連するデリダ、ジャック・ラカン、ミシェル・フーコー、ロラン・バルトなどは、ひとまとめにしてポストモダニストとされることには猛烈に憤慨することもあった。そうした思想家たちの立場はとてもひとつのものとはいえなかったが、このテーマに関する導入本や概説書の数が証明するように、「ポストモダニズム」という言葉は権力の座にとどまり続けたのである。

ポストモダニストのなかでも、ミシェル・フーコーは、カルチュラル・スタディーズ、とりわけ歴史家に対して最も大きな影響を与えてきた。精神分析学者や哲学者としての訓練を受けたフーコーは、具体的な歴史的コンテクストに彼の全著作を位置づけ、一六〇〇年から一八〇〇年までの時期に特別なる関心を抱いていた。狂気、臨床医学の誕生、監獄の登場、セクシュアリティの統制などに関する一連の著作のなかで、フーコーは人間中心主義的な啓蒙思想の登場という標準化された物語に異議申し立てをおこなった。通常の語りのなかでは、理性に基づいた啓蒙思想の主張が過去の慣習に見られた無知や野蛮さからの解放をもたらし、個人を抑圧的力から解放したとされていた。フーコーが対置したのは、狂気への対処、医療の実践、刑罰の付与、セクシュアリティの定義などの近代的な慣行が、実際には、新たな、そしていっそう狡猾に心理学的な様式によって人間を規律化している点であった。看守、教師、医師、セラピスト、司祭、社会事業家などの他者による観察と審査を通じて、また自己モニタリングの強制を通じて、現実の近代的なレジームは、徹底的に彼／彼女らを統制するために個人を創出していった。社会を改革するというよりは、新たな実践が個人を改造つまり正常化していった。その結果は恭順であり、解放ではなかったのである。(13)

したがって、フーコーは、近代、理性、個人主義に対する強力な否定的視座を提示した。彼の視点によれば、個人とは一六〇〇年から一八五〇年のあいだに登場した言説の産物ということになり、それは偶発的なものであって、恒久的なものでも普遍的なものでもない。それは、登場したときと同じく簡単に消え去ることもある。『言葉と物』(一九六六年)のなかで、彼は次のように結論づけている。「私たちの思考の考古学をしてみれば容易にわかるように、人間とはごく最近になって発明されたものである。そして、その終焉が近づきつつあるのだ」。いかなる個人、制度、社会集団も、この言説ないしは「言説編制」を意図的に創出して操作することはできない。この言説編制という言葉については、フーコーが『知の考古学』(一九六九年)〔中村雄二郎訳、河出書房新社、一九七〇年〕のなかで詳細に論じている。言説編制とは、何が言えるのか、また言えないのかを決定するものとなる。それは真理のレジームを規定し、したがって、レジームは偶発的なものであり、言説の産物であり、同時にまた知を産出することになる。真理のレジームが知を産出するのであって、知が真理を産出するのではない。真理とは権力の外部にある客観的なものではなく、啓蒙思想で語られたように偏見や迷信からの精神の解放の産物ではなかったのである。レヴィ・ストロースが構造と体系を強調したことと共鳴するが、親族関係の代わりに真理に関心を据える発言のなかで、フーコーが主張したのは、真理というのは、言説の生産、統制、分配、流通、作用の秩序立てられたプロセスの体系として理解されるべきものなのであった。フーコーにとっては、通常の意味での真理などは存在しない。そこには、真理をめぐる政治学が存在するのみであった(これと対照的に、レヴィ・ストロースは、みずからが親族に関する絶対的で永遠の真理に到達していると感じていた)(14)。

フーコーが真理、理性、人間中心主義を攻撃したことは、魅力的な歴史的論点への研究を刺激した。すなわち、同性愛(ホモセクシュアル)は一九世紀になってはじめて創出されたアイデンティティなのだろうか。なぜ監獄は矯正の一部としての監視に優位性をおいたのであろうか。どのようにして司法による拷問は、旧体制の主権と結びついていたのだろうか。なぜ狂気が医療の対象となったのか、それはいつのことであったのか、またその目的とは何だったのであろうか。要するに、フーコーは、同性愛、監獄、拷問、精神病の意味が自明であるという諸前提に異議を申し立てることによって、歴史家にその結論のみならず、分析のカテゴリーや道具を再考するように求めたのであった。

ポストモダニズムは、特定のアプローチや問題設定の枠組みを批判することだけではなく、基本的な哲学的問題へと必然的に回帰していった。ポストモダニストが論じるように、もし言語があらゆる知識を規定し、言語の外部には立脚点が存在しないとするならば、真理を主張することは難しいように思われる。特定の言説編制によって決定される真理が存在するだけとなる。ポストモダニストは、哲学的相対主義にかかわる古典的な諸問題を提起するところまで行き着いたのだった。そうした哲学的諸問題は、歴史家だけではなく多様な領域の知識人のあいだで広範な論争を引き起こすことになった。

フーコーやデリダのようなポストモダニストは、言語と真理という哲学的な問題を対象としていたので、歴史研究の四つのパラダイムに煩わされることはなかった。しかし、カルチュラル・スタディーズやポストモダニズムに影響を受けた歴史家たちは、それらのパラダイムに実際に対峙することになり、説得力のある批判を提示していった。言語や文化に関心をもつ歴史家たちは、もはや型にはまったやり方で、社会経済的要因が、意識、文化、言語の内容を決定するという点を前提とすることができなくなった。たとえば、同性愛や貨幣のような社会経済的カテゴリーは、言語的・文化的な表象を通じてのみ存在することになる。因果連鎖それ自体が、もはや明確には描くことができなくなった。言語的・文化的な表象は、社会的存在に先行するのではなく、それらに優位性をもっているわけでもなく、それらと絡まり合っているのである。クリフォード・ギアツは、「厚い記述 thick description」

の重要性を肯定的に論じて、人類学においてこの因果関係の曖昧さを擁護することで有名であった。「文化は力ではなく、社会事象、行動、制度、過程の原因とされるようなものではない。それはコンテクストであり、厚く記述されるものなのである」[15]。

パラダイム批判

一九六〇年代、七〇年代、八〇年代に、四つのパラダイムへの批判が登場したのは、時宜をえたものだった。というのも、それらは現実の出来事のもつ力によって説得力を失っていたからである。近代化論は、国民国家建設の政策が第三世界とりわけヴェトナムで失敗に終わったときに、困難の時期が訪れた。マルクス主義はソヴィエトが一九五六年の〔ハンガリーでの〕反乱を鎮圧したあと徐々に魅力を失っていったが、一九八〇年代末にはソヴィエトや東ヨーロッパにおける共産主義体制が崩壊して決定的な打撃を受けることになった。アナール学派による農民社会の緩慢な変化の強調は、第二次世界大戦後の西欧の社会的・文化的な生活経験における急激な変化に優先順位をおくアプローチに道を譲ることとなった。アイデンティティの政治も、階級や性的差異や人種間結婚の割合の増加などによってアイデンティティの意味が変容すると、必然的な変化に直面していった。

四つのパラダイムは、それぞれが独自の墓掘人を生み出した。文化理論は、もともと四つのパラダイムのなかで訓練を受けていた研究者に訴えるものとなった。ジョーン・スコットは、歴史家のなかでもポストモダンの立場を支持した主要な人物であるが、マルクス主義に影響を受けた歴史家として研究を始めた。ギアツは合衆国で言語と文化を前面に押し出した人類学者であったが、デュルケームとヴェーバーの近代化論をアメリカ社会学に不可欠なものとしていたタルコット・パーソンズのもとで研究していた。アナール学派のロジェ・シャルチエとジャック・ルヴェルはフランスでの文化への転回を先導してきたが、最初の頃はアナール学派特有の数量経済史を用いて研究をおこなっていた。これに対して、アイデンティティの政治からの転向は、あまり明確ではない。クィア研究への道のりは、同性愛を研究する歴史家によって開かれたのではなく、人類学者のゲイル・ルービンや哲学者のジュディス・バトラーなどの歴史学の外部の研究者によるものだった。彼/彼女らは、構造主義やポストモダニストのアプローチをセクシュアリティの問題へ持ち込んだのである。(16)

意味を決定する諸要因の階層秩序を転倒させることで始まった地殻変動は、歴史学のあらゆる領域においても感じられていた。ひとつの例を挙げてみよう。フランス革命は、もはやマルクス主義の歴史叙述によって描かれてきたような封建制に対する資本主義の勝利としてみなされるものではなくなった。それに対して、フランス革命は政治文化における革命となった。つまり、言語、儀礼、象徴が、変革の役割を果たしたとするのである。文化が階級や政治を決定するのであって、その逆ではない。この種の解釈の鋳型を造ったのはフランソワ・フュレであったが、彼が論じるには、フランス革命は「権力の表象が行為の中心にある世界、記号の流通が絶対的な政治の支配者となる世界の始まりであった」。君主制が瓦解すると、権力の真空が、人民を代表して代弁する闘争によって埋められることになった。演説が権力を代弁して、社会関係を再形成したのであり、言葉は単なる社会関係の表明ではなくなった。同じようなアプローチは、すぐさまあらゆる近代革命の研究の領域に登場することに

なった。(17)

近代化論がその信頼性を喪失していくにつれて、非西欧の歴史家たちは、アフリカ、南アメリカ、東アジアなどを研究する「地域研究」へと向かった。地域研究は、特別な理論的約束事を要求するものではなく、さまざまな文化のもつ特殊性への関心を涵養することができた。国王《シャー》の失脚後のイランのように、多くの場所で近代化への持続的な抵抗に直面すると、かつての近代化論の継承者たちは合理性を重視することは問題があると感じ、共同体の価値の研究をするよう促されていった。ポストモダニストは、この近代性と合理性への疑念をさらに推し進めたにすぎない。(18)

『アナール』の編集者は、一九八八年の論説で、大きな変化が起こっているという感覚をとらえていた。「かつてマルクス主義や構造主義、そして数量的方法の大胆な利用といった多様な形態をとった支配的なパラダイムは、その構造化能力を失い、あらゆるイデオロギーに対する不信感が蔓延している」。しかし、それに反応するなかで、ある個人やある農村の研究といったミクロストリアの有用性に注目する以外には、固有の提言がまったくなくなった。それは、かつてのアナール学派の伝統であったフランスの地方や地中海のようなより広域的な地理的空間を対象化することとは対極をなしていた。『アナール』の編集者は、「歴史研究に起こっている急激な変化を意識してはいたが、それが何を生み出すかということには確信がもてなかったのである」。(19)

アイデンティティの政治は、とりわけ急激な変化を経験していた。なぜなら、アイデンティティ集団の歴史は、集団の政治的要求の中心にあったからである。たとえば、女性の歴史を考察してみよう。女性史家は、支配者、著述家、参政権運動家、賃金労働者、妻や母としての女性の役割についての重要な史料を発掘したが、それは、女性たちが過去において重要な役割を果たしていたことを証明するためであった。しかし、文化理論の影響を受ける研究者は、女性史ではなくジェンダーの歴史を論じている。ジェンダー史家にとって問題となるのは、社会的カテゴリーとしての女性ではなく、むしろ文化的ならびに言説的な手段であって、その手段によってカテゴリー自体が構築されたものとなる。差異とは意味論的なものではない。女性と男性を差異化するシステムとしてのジェンダー関係は、女性が何をおこない考えてきたかを研究することによっては把握できない。性を基盤とした相互作用のシステム全体に注意が払われねばならないのであって、とりわけ男性が何を語りおこなってきたかということが重要である。要するに、そうした関係性は、文化論的な枠組みのなかで理論化されねばならないのである。女性自身は、再び背景へと退却していく危険性のなかにいた。(20)

同じように、アフリカ系アメリカ人、アジア系アメリカ人、ラティーノ〔ラテン系アメリカ人〕の研究は、人種研究によって異議申し立てを受けていた。同性愛の研究はクィア研究によって、先住民の研究はポストコロニアル研究によっても、批判された。それぞれの場合において、社会的カテゴリーの存在を前提とする歴史学は、そうしたカテゴリーの構築性、したがって脱構築を対象とする文化批評によって異議を唱えられた。アフリカ系アメリカ人、同性愛者、先住民の抑圧された経験の研究は、人種とセクシュアリティについての言語やカテゴリーの分析に比べて、あまり重要なものではなくなりはじめた。そうしたカテゴリーを定義したのは、被抑圧者ではなく権力をもつ人びとだったのである。

時代と場所に関して驚くような多様性をもつ研究によって、人種、ジェンダー、階級は、生物学、人口学、経済学によって決定される安定的なカテゴリーと見なすことができない点が示された。それぞれが、移ろいゆく文化価値によって創出される相互関係の不安定なシステムによって決定されていた。たとえば、黒人であることは、肌の色の問題ではないことが判明した。ましてや根本的な遺伝学的差異でもなかった(人種間ではなく、人種内部にも遺伝学的差異が存在した)。むしろ、「白人らしさwhiteness」を定義する権力によるものであった。白と黒は、文化的表象であった。一九世紀の合衆国では、「白人らしさ」は、肌の色だけではなく、自由の度合い、文明化のレヴェル、キリスト教への信念などによって決定されていた。キリスト教徒は非キリスト教徒よりも白人らしいと考えられていたし、プロテスタントはカトリックよりも白人らしいと考えられたし、北ヨーロッパからの移民は、南ヨーロッパからの移民よりも白人らしいと考えられた。たとえば、一八四〇年代から一八八〇年代にかけて、アイルランド系移民は猿のようで、隷属的存在で、白人というよりは中国人や黒人のようであると見なされた。彼らが白人として表象され認識されるには、かなりの時間を要することになった。(21)

かつて意味を決定する諸要因のあいだにあった階層秩序が解体するにつれて、研究のアジェンダも変化していった。E・P・トムスンの書物『イングランド労働者階級の形成』への応答のなかで試みられた一連の研究は、その手頃な事例となろう。その書物のなかでトムスンは、次のような標準的なマルクス主義の主張をおこなっていた。「階級という経験は、ほとんど生産関係によって規定されている。そのなかで人間は生まれ、非自発的に参入を余儀なくされているからである」と。それにもかかわらず、彼は何百頁という紙幅を割いて「経験」を論じ、カルチュラル・スタディーズを刺激することになった。なぜならば、そこでトムスンは、社会経済的な構造よりも、労働者の言語、儀礼、心の習慣に多くの注意を払っていたからである(22)。

ポストモダニズムに影響を受けるという点でトムスンとは異なる次の世代の歴史家たちは、労働者の言語に焦点を当てて、トムスンは適切な言語分析をおこなう必要性を認識していなかったと論難した。トムスンは、文化に注目していたにもかかわらず、労働者の言語が経験を決定するのではなく、単に彼らの経験を反映していると想定した点で誤っていたとされる。それに加えて、フェミニズム史家が不満を述べていたのは、現実には女性が労働者階級の運動に参加していたとしても、労働者階級の言語や文化が女性を周縁化して、家庭の領域に追いやっていることを、トムスンが無視している点にあった。トムスン自身は、とりわけフランスから輸入された文化理論が歴史家に必要だという見解には、猛烈に異を唱えていた(23)。

トムスンのような主導的歴史家のなかにも抵抗するものがいたにもかかわらず、文化理論は着実に歴史研究や歴史記述にその影響力を拡大してきた。文化理論に最も注目していた文化史は、最終的には合衆国での支配的な地位を獲得した。一九九〇年代半ば以降の一五年間、文化史はアメリカ歴史学協会の会員のあいだでは、単一のものとしては最も人気のある選択テーマとなった。それに匹敵するのは、宗教史と女性史ぐらいのものであり、この点は政治史や社会史でさえおよばなかった。さらにいえば、一九九二年から二〇〇四年にかけて、マルクス主義、アナール学派、アイデンティティの政治と同盟関係にあった社会史というカテゴリーに分類される歴史家の数は、三分の二にまでに収縮していった(24)。

文化史やカルチュラル・スタディーズは、最初英語圏でその地歩を確立した。ごく最近になって、この趨勢の国際的な側面の検討が始められている。国際文化史学会は二〇〇八年に設立されたばかりだが、四年後には機関誌『文化史』の刊行を開始した。文化史に対する最近の概括書は少なくとも八つの言語で登場して、それらはすべてヨーロッパの言語である。文化史よりも一般的であるカルチュラル・スタディーズは、歴史研究だけではなく大衆文化とメディアの研究で英国のマルクス主義とポストモダニズムを結合させたことにより、インド、中国、アフリカ諸国などで読者層を拡大していった。だが、その受容は不均等なものとなった。(25)

文化理論の影響力が増大したにもかかわらず、その非西欧諸国との関係は逆説的であり続けた。ポストモダニズムのアプローチは、ヨーロッパ中心主義を批判するために用いられた。だが同時に、そうした批判のほとんどの要素は西欧起源のものだった。文化理論はその起源を英国(カルチュラル・スタディーズ)、フランス(ポストモダニズム)、そして合衆国(文化史)に求められるが、西欧帝国主義の副産物とも見られていた。それどころか、真理が不可避的に偶発的なものであるというポストモダニズムの立場は、インドの歴史家のディペーシュ・チャクラバルティが唱道してきたように、西欧の知的ヘゲモニーに異議を唱えて、実質的にヨーロッパを「脱中心化」しようとする人びとと強力に共鳴することになった。

チャクラバルティは、ヨーロッパの歴史家が普遍的とされる歴史研究のモデルを提供しているためにほかの地域の研究者やその作品を無視することができる一方で、第三世界がヨーロッパ史学の作品を読まねばならないという事実に注意を向ける。E・P・トムスン、ル・ロワ・ラデュリ、ジョルジュ・デュビィ、カルロ・ギンズブルグ、ローレンス・ストーン、ロバート・ダーントン、ナタリ・デーヴィスのような「巨匠」や歴史研究のモデルは、少なくとも文化的にはヨーロッパ的なものであった。チャクラバルティはこの状況を変えようとしたが、彼自身が認識していたように、彼の批判の道具立てはヨーロッパの思想的伝統、とりわけポストモダニズムとの関わりからもたらされたものであった。(26)

しかしながら、チャクラバルティの例が示すように、文化理論は、ヨーロッパ起源の借り物ではあっても、ヨーロッパ中心主義に対抗しうるものとなる。ポストモダニズムをヨーロッパ中心主義への批判に利用することは、「ポストコロニアリズム」というラベルを貼られるようになった。そのように呼ばれるのは、西欧的な知の様式の優越性という植民地主義的認識様式への異議申し立てをともなっていたからだった。ポストコロニアリズムの守護聖人は、故エドワード・サイードである。サイードは、パレスチナ生まれのアメリカ人で英文学と比較文学の教授であったが、その著書『オリエンタリズム』(一九七八年)は、ポストモダニズムを西欧に対して向けたものである。サイードが、権力が真理を規定するというフーコーの知見に依拠していることは明らかである。サイードの見解によれば、西欧が独自の偏見をもつイメージのなかで「オリエント」を創出した。「ヨーロッパ文化は、みずからをオリエントに対置することによって、強みとアイデンティティを獲得していったのである」。オリエントが弱体であったのは、女性的であったからだ。西欧が強者であるのは、男性的であることによる。オリエントが専制的であるのに対して、西欧は議会主義的となる。オリエントは神秘的で、秘儀的で、官能的であり、西欧は、廉直で、公衆に開かれており、紳士的である。西欧の学者、外交官、行政官は、このオリエンタリズムを帝国主義的権力の道具として発展させ、それを用いることによって、みずからの目的に資するようなオリエント文化の知識を探し求めた。したがって、フーコーが主張していたように、知が権力に奉仕するのであって、真理を語ることが権力に奉仕したり、権力から解放したりするわけではない(27)。

文化理論に対するポストコロニアル理論の影響は、広範なものであった。事実、一九九二年にチャクラバルティが西欧の歴史学の権威性を告発する書物を刊行したときに、潮目は変わり始めていた。いまや西欧の歴史家たちは、非西欧の歴史を読み、みずからの作品に影響を与えうるような史料やアプローチを発見するのを期待している(チャクラバルティの作品は、最良の事例となる)。彼らがそうせざるをえないのは、ヨーロッパの諸問題がグローバルなコンテクストに埋め込まれていることによる。ちょうどそれは、もはやフランスを六角形《ヘキサゴン》(フランス本国はその形によって、そう呼ばれる)の境界までの国と認識できないのと同じであった。旧植民地が何百年にわたってフランスの歴史の一部を構成しており、脱植民地化のあともそうであり続けているからである。もはやヨーロッパ史は、単にヨーロッパについての歴史としては認識できない。何世紀にもわたって、ヨーロッパは、中東、アジア、アフリカ、アメリカとのモノ・人・思想の交換に関与してきた。サイードが考えるように、ヨーロッパはほかの地域との比較のなかでのみ、ヨーロッパとなるのである。アイデンティティは関係性の産物なのであり、固有の本質なのではない。アイデンティティは同一性なのではなく、ほかのものとの差異から構成されている(28)。

そうしたさまざまな文化理論の台頭は、必然的に警鐘を鳴らすことになった。そして、トムスンだけが、そうした警鐘を耳にしていたわけではなかった。マルクス主義史家のエリック・ホブズボームは、みずからの反応をこう記している。「フランスの思想家たちがますます「ポストモダニズム」の領域に移っていくにつれて、彼らを面白くなく、理解もできない、いずれにせよ歴史家にはあまり役に立ちそうにない人たちだと思うようになった」。しかし、歴史家はポストモダニズムを利用していたし、その影響力は研究者を悩ませ、また激怒させることもあった。経済史家のステファン・ハーバーは、メキシコ史に対する文化論的アプローチについて論評し、とりわけ「客観的な事実の存在に対するポストモダン的な曖昧さ」に異議を唱えていた。ハーバーは、新しい文化史は知識についての「根本的な欠陥をもった」主観的アプローチに依拠していると主張した。さらにいえば、ポストモダニズムの実践者の政治的目的は、ラテンアメリカ史の場合には「反資本主義で、社会主義的で、革命的志向性」をもっていたが、それらが必然的に彼らの分析をゆがめている。彼の見解では、政治的バイアスと結合したポストモダニストの相対主義は、新しい文化史の主張を致命的なかたちで毀損していることになる。(29)

合衆国の社会史家のポーラ・ファスは、ポストモダニズムを直接的な基盤としていない場合でさえ、文化史には欠陥があることを見いだした。「社会史に対して誤って与えられた確信に対する反動として、今日、私たちは逆のことに悩まされている。つまり、文化史が、一貫性のないデータに立脚した壮大な結論からくる曖昧さや不正確性、そして分析的唯我論などで、私たちを悩ましている」のである。彼女が主張するところでは、文化史家は周縁化された人びとや異彩を放つ史料に多くの注意を払ったのであり、社会の機能の通常態ないしは主潮流に対する関心は十分ではなかった。代表的個人ではなく、典型性からほど遠い個人によって文化を定義するとき、文化史家は名の知れぬ膨大な数の人たちを参照することになると論じる。社会史の批判的で特徴的な道具立てが復活しなければならない、と彼女は結論づけている。(30)

批判的転回

一九九〇年代までには、かつて文化理論を支持していた人でさえも、その成功の背後にある隠された危険性を懸念するものが登場し始めた。歴史学における文化論的アプローチを開拓してきた一人であるウィリアム・スーウェルは、まさに「文化」という用語によって、あらゆる特徴を失う危険にさらされると示唆した。「学問世界での文化への熱狂者」が多くの人類学者をうんざりさせているのは、絶えず文化を語ることによって、研究している集団を異質化したりステレオタイプ化したりするからだった。文化史家は、そのような妥協的な概念を使い続けることができるのか。スーウェルは使い続けられると考えたが、そこではいくつかの重要な問題に注意を払う必要があった。(31)

文化は過剰に解釈上の重荷を背負ってしまっている、と不満を述べるものもいた。合衆国の社会学者であるリチャード・ビエルナキは、文化史家は単に社会史家の主張を転倒させたにすぎないと論じている。「彼らは、解釈を打ち立てることにおいて社会史家にならった。そうした解釈は、「実在」する還元できない歴史的根拠に訴えるものであったが、その足場が、いまや経済的・社会的なものではなく(あるいは同程度に)文化ならびに言語になったのである」。英国の社会学者ドン・ミッチェルは、この点をさらに明確に表明している。「文化なる(認識論的な)ものは存在しない」と。ミッチェルは、「社会理論家」は文化を用いることなく、「文化概念のそのものが、権力や利害の名のもとに、他者を支配し定義しようと試みる手段として発展し、用いられてきたことに焦点を当てる」よう促してきた。文化理論も、ひとつの文化的表象であり、かつてそうした理論が四つのパラダイムに浴びせかけていたのと同じような種類の批判を受けることになった。[32]

たとえば、文化理論を用いる歴史家たちは、次のような多様な批判にさらされてきた。すなわち、政治を無視している、研究を政治化している、人間の主体性に無関心である、特異な個人の主体に注意を払いすぎている、言葉一般に原因を求めすぎており、具体的な社会的・経済的・政治的文書の特定の言葉に対しては十分ではない、などの批判である。そうした批判は、メリットがなかったわけではないが、文化に言及することの修辞学的で政治的な性質を看過している。文化理論は、常に文化を何かほかのものに還元しようとするパラダイムに異を唱えるために、文化を強調したのだった。文化理論や文化史の提唱者は、文化(あるいは言語、または言説)をひとつの意味に集約させることには同意していない。しかし、率直にいって、定義について合意がないこと自体には、さほど懸念をしていない。彼らは、文化を経済的諸力や社会的立場による自動的な副産物とする見方を拒絶することに関心を抱いているのである。たとえば、ミッチェルの提言は、ほとんどマルクス主義者の文化の見方に分類されるものとなる。ミッチェルは、マルクス主義の文化理解を「権力や利害の名において」用いられるものと見なしていたからだった。文化理論は、文化を何かほかのものに還元することを拒絶している。権力や利害そのものが、文化的表象を基盤としているのである。

しかし、文化理論や文化史のなかでポストモダニズムの突出していることが、特に議論を呼んできたことは否定できないであろう。ジョーン・スコットがポストモダニズムについての論争のなかで人身御供としての役割を果たしたのは、彼女がフェミニズム史学のなかで傑出した役割を果たし、文化史ならびにジェンダー史の先駆者のなかでも理論的に最も洗練された歴史家だったからである。彼女の著作である『ジェンダーと歴史学』(一九八八年)は、この分野では最も引用される機会の多い書物となる。なぜなら、理論的総括と、ポストモダニズムが歴史家に史料の新たな読みをどのように促しうるのかについての具体的な事例とを、その著作が提供しているからである。それはまた、ポストモダニズムの相対主義を賞賛するものでもあった。スコットは、「急進的なフェミニズム政治(そしてより急進的なフェミニズム史学)は、より急進的な認識論的枠組みを必要としているように思われる」と主張した。彼女がとりわけ注目するのはジャック・デリダとミシェル・フーコーであるが、それは二人の思想家が権力と知を結びつけ、彼らの作品が「あらゆる学知というものを相対化する」からであった(33)。

スコットが言語と言説に焦点を当てたことは、多くのフェミニストや女性史家を困惑させた。スコットの仲間のフランス史家であるローラ・リー・ダウンズは、女性が単なる言説的な構築物であるとする考えに大きなフラストレーションを抱くことになり、批判論文に次のような題名をつけた。「もし女性が空虚なカテゴリーだというのならば、どうして私は夜一人で歩くことを恐れるのだろうか。アイデンティティの政治が直面するポストモダン問題」。ダウンズは、ほとんどがスコットの作品を標的にしたこの批評のなかで、西欧の学知に対するポストモダニズムの異議申し立ての妥当性は認めるが、その結果として認識の主体ならびに政治行動の基盤としての個人を抹殺していることを嘆いている。ほかの批判者は、もっと激烈だった。主導的な女性史家のジョーン・ホフは、「ポストモダン的無気力のカテゴリーとしてのジェンダー」のなかで、ポストモダニズムが女性というカテゴリーの脱構築を重視することは、女性史をその政治的基盤や政治的使命から切り離してしまうと不満を述べている。彼女の見解によれば、ポストモダニズムは、フェミニズム史学にとって有害なものとなる[34]。

ポストコロニアリズムもポストモダニズムとほぼ同一視されており、同じような種類の批判がありうることがわかった。先住民やアボリジニを単なる言説の産物であると見なすことによって、問題を空虚なカテゴリーとしての女性と同列に論じるところまでいった。アボリジニの経験は、もはやアボリジニを意味あるカテゴリーとする言説編制に比べれば重要なものではなくなった。言説編制は、言説の言葉を定義している白人、男性、非アボリジニに対して、常に変わることなく権力を付与している。ポストコロニアリズムでは、フーコーやデリダなどのポストモダニストから派生したヨーロッパの理論的モデルに依拠していることが、とりわけ問題とされた。白人、男性、ヨーロッパ人でヨーロッパ中心主義的な知識人は、ポスト植民地状況にある人びとがみずからの名前で行動する能力を消去するかのような文化理論を提供していた。アブリル・トリーゴが不満を述べているように、ラテンアメリカは単純に研究の対象となり、オリエントのようにイデオロギー的構築物となった。ラテンアメリカは、独自の存在であることをやめてしまうのである[35]。

ポストモダニズムの問題に多くの紙幅をさきすぎてしまったようだ。また、すべての議論を詳細に記述する必要はないだろう。というのも、とりわけその影響力に関する論争は、ほとんど沈静化してしまっているからである。経験を再構築すること、人間の主体性に関する潜在能力を再建すること、そして真理を主張する何らかの基盤を見いだすことなどの必要性については、かなりの文献が発表されてきている。だが、ほとんどの歴史家は、ポストモダンの見解を組み入れながら単純に仕事をしているだけで、認識論的主張に基づいた立場を取らねばならないとは思っていない。デリダやフーコーは、カルチュラル・スタディーズについての序論に依然として登場することは間違いないが、（真理は存在するか、それはどうやって知りうるかなどの）認識論的な問題は後景に退いてしまっている。「理論」は、もはや同じような熱狂や興奮を引き起こしてはいないのだ。[36]

残されたのは、文化を研究することだけである。しかし、その目的とは何なのであろうか。歴史研究の四つのパラダイム、つまり、マルクス主義、近代化論、アナール学派、アイデンティティの政治は、その立脚点を失ったが、かといって、文化理論は説得力のある代替案を提示したわけではない。文化理論は、パラダイムを再建するというよりは、破壊したにすぎない。文化はある種のがらくた入れになってしまい、その過程で文化は解釈上の力を失っていく。文学批評家のチロッタマ・ラジャンが不満を述べているが、「解釈上の力の欠如にもかかわらず、文化主義に現在の支配的地位を与えているのは、まさに潜在的な矛盾を覆い隠す包括的な曖昧さなのである」。支配的なパラダイムに対する徹底的な批判として始まったものが、破城槌というよりは、よく知られた水洗トイレの吸引音のようなものになって終焉した。[37]

ウィリアム・スーウェルは、同じような批判を展開しながら、近年は社会史から文化史に向けて軌道を修正して、後者の方向性についての関心を増大させている。彼がとりわけ頭を悩ませているのは、因果関係の分析や「資本主義の動態の考察」からの退却である。スーウェルは、歴史家たちが新たに関心を寄せている「小さく、ローカルで、簡単な、文化的に構築された」ものに対する情熱は、現代資本主義、とりわけその規制緩和志向と「ある種のロジック」を共有していると考えた。言いかえれば、歴史家の文化への関心は、多国籍金融業や多国籍企業の発展のより一般的なパターンを理解することから遠ざけてしまうのである。スーウェルは、一九七〇年代の様式のマルクス主義や近代化論への反射的な回帰を唱えているわけではない。ポーラ・ファスのように、文化史家が社会史家のもっていた長所を思い出すように促しているのだ。その長所というのは、統計的手法の利用、とりわけ貧民や虐げられた者などの普通の人びとの経験への関心、社会経済的構造やプロセスへの新たな注目というものであった。最終的には、彼は刷新されたマルクス主義を唱えているのである(38)。

かつてのパラダイムへの回帰か、それともパラダイムの無い状態にとどまるのか、歴史家たちはこの二つのあいだでの選択をしなければならないのであろうか。歴史叙述が本質的に暫定的なものであるのは、歴史の目的に対する私たちの感覚というものが、常に変容を被るからである。しかし、本書の最終章では、新たなパラダイムから得るものがある点を論じるであろう。それは、すべてのものに確信を与えるわけではない。また、それによって確信をえたものたちのあいだでさえ、永遠のものではない。しかし、ビッグ・ヒストリー、包括的な物語、メタ物語などは、人間の本質の一部であるように思われる。私たちは、どこから来てどこへいこうとするのかという問いに対して、生活、国民、文明、世界といった、さまざまな規模のレヴェルで答えようとする。ジャン・フランソワ・リオタールは、ポストモダンの状況を「メタ物語に対する不信感」と定義したのは有名である。そのような解釈(大きな物語)を拒絶するにもかかわらず、大きな物語はこそこそと舞い戻ってくるのだ[39]。

フーコーは、ポストモダニストのなかでも、歴史に対するポストモダン的パラダイムを明示的にすることにおいて孤高の存在であった。フーコーは、人間中心主義と解放についての近代的物語を批判するだけではなく、独自の対抗的物語を設定した。フーコーによれば、近代史は、資本主義、性的解放、民主主義や人権などの勝利によって牽引されていたわけではない。むしろ、近代性が意味するのは、規律社会の登場であった。そこでは、学校、工場、軍隊、監獄などが、心と身体を改造することによって統制するのである[40]。

フーコーの対抗的言説は、マックス・ヴェーバーの近代の「鉄の檻」や官僚主義的合理性の説明とかなり似通ったものとなる。しかしフーコーはさらに進んで、近代の官僚制そのものが個人のアイデンティティの感覚を創出することを示そうとしている。フーコーは『監視と刑罰』(一九七五年)のなかで、「一八世紀の二大発見である社会の進歩と個人の起源」は、分割し、分類し、分刻みで全時間を利用する「とりわけ時間の管理の新技術という」、「権力の新たな技法と結びついていたのである」。したがって、社会や個人についての学知や存在そのものが、権力の新たな技法によって生み出されたものである。個人は、監視と〔価値の〕内面化の効率的な結節点にすぎず、自己意識的な行為を通じて世界を変革することができる認識主体ではなかったのである。フーコーが代替的なパラダイムを構築するのに成功したことにより、彼の作品が歴史家にとって実りあるものとなっていった。なぜなら、歴史家たちは、フーコーの作品を批判の対象とするか、それに依拠しながら研究をおこなうことができたからであった。本書の最終章で、私はフーコーへの異議を唱えることになろう[41]。

フーコーの近代解釈に異議申し立てをすることは、文化理論が結局は、それが転倒させようとしていた諸パラダイム自体と共有していた諸前提を全般的に批判することを必要とする。文化と言語を経済的・社会的要因に還元することを問題視する一方で、フーコーのような文化理論家は、自己、身体、情動や理性までもが、言語、言説、文化の産物であると論じるからだ。それらは文化によって決定されるもので、したがって文化的には相対的なものである。たとえば、『フェミニズム理論百科事典』(二〇〇〇年)への寄稿者たちは、次のように断定的に述べている。「ジェンダーのように、人種は、白人が支配する文化においては、……ほとんど抑圧的な社会的構築の産物である」。文化理論の支持者は、言語、言説、文化が、自律性と独自の論理をもつと主張する一方で、経験、情動、個人やアイデンティティの感覚は、それらを覆い隠す意味によって決定されると考えていた。個人は言語や文化のヴェールを通じてのみ、世界を観察してそれに対応できるのである。自己とその経験は、自律性などもっていない。文化のみがもっているのだ。[42]

したがって、文化理論は技術や生産関係から言語や文化などの社会的領域の別の位相に注目点を移しているにしても、「社会構築主義」にとどまっている。社会、社会関係、アイデンティティ、文化、言説のいずれであれ、社会的領域とは、意味の基盤や源泉となる。文化理論家は、「社会的なもの」がかつて想定されていたよりも複雑であることを証明した。天の蒼穹を支える古代ギリシア神話のアトラスのように、社会は文化の下に位置する存在ではない。そうではなくて、「社会的なもの」は縦糸であり、文化が横糸となる。この二つの糸によって、意味と経験、アイデンティティが紡がれていくのである。しかし、文化理論は、社会と文化の外部には、意味、経験、アイデンティティなどは存在しないとも主張している。社会的なものが基盤にあり意味の源泉であるという仮説は、世界を理解するうえでの強力な世俗的方法である。その力は摩滅しきっているわけではない。しかし、それは世界を理解する唯一の方法ではない。第三章では、社会的なものの作用について、とりわけ自己との関連性のなかでより深く掘り下げ、意味について考えるいくつかの異なる方法を提示するつもりである。

文化理論は、フーコーのような例外を除けば、パラダイムの領域を放棄することによって、マルクス主義、近代化論、アナール学派、アイデンティティの政治などが、ほかのパラダイムにとって代わられる道を開いた。次章で私は、グローバリゼーションがそのような新たな研究のアジェンダを含んだ包括的物語のひとつにすぎないと論じるであろう。歴史家は、文化理論のもつ限界には留意しつつ、文化理論によって提出された道具立てを利用して、グローバリゼーションが主張する領域に異議を唱えることが求められているのである。

第二章　グローバリゼーションの挑戦

グローバリゼーション

歴史家がグローバリゼーションを発見したのは、ごく最近のことである。しかし、この論点を無視してきたのは、歴史家だけに特有のものではない。グローバリゼーションへの関心は、この言葉が書物の題名に使用されることの増加にも示されるように、遡ってもせいぜい一九九〇年代であろう。グローバリゼーションという言葉は、一九八〇年代後半以前の書名には、ほとんど登場していない。しかし、一九九〇年代に使用が急激に増加し、それは二〇〇〇年代になっても続いている。(1)グローバリゼーションという現象は、一九九〇年代に始まったわけではない。それが正確にいつ始まったかに関しては、合意があるわけでもない。私たちは皆、アフリカに起源をもつ移住民の末裔である。したがって、グローバリゼーションは、何らかの意味で人類の歴史に当初からつきまとうものであった。

私たちの祖先は、四万年前から一二万五〇〇〇年前に、世界中でほかの初期人類にとって代わったものだったからだ。しかし、グローバリゼーションは、一九世紀の輸送や情報・通信の革命とともに始まったと論じるものもいるかもしれない。鉄道、蒸気船、電信、電話などが、より高速での遠隔地間のコミュニケーションや輸送を円滑にしていったからである。中断された時期をともないながらも、グローバリゼーションを長期的な発展の一部と見なすものもあろう。そこには、世界宗教(仏教、ユダヤ教、キリスト教、イスラーム教)の拡散、ヨーロッパによる地理上の発見や征服活動、その結果としての地球上の大部分の植民地化という現象が含まれる。一九九〇年代に登場した唯一の新たな要素はインターネットの拡散であったが、当時は主としてすでに発展した世界に影響を与えただけであった。二〇〇〇年には、世界人口のわずか五%がインターネットを利用していたにすぎない。だが、二〇一二年には三四%に達している。インターネットは世界のさまざまな地域に浸透して相互に結びつけ、グローバリゼーションのひとつの推進力となっていることは間違いなかろう。しかし、一九九〇年代に始まったインターネットの急速な拡大によっては、九〇年代が始まろうとしていたときにグローバリゼーションへの関心が突然に増大した事実を説明することはできない[2]。

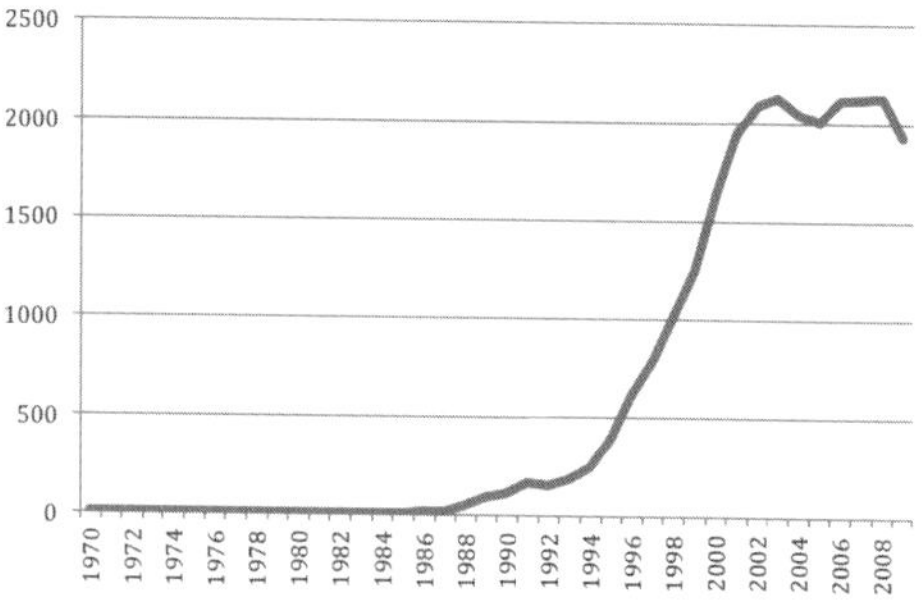

書名に「グローバリゼーション」を含む英語の書物数
（WorldCat による）

要するに、一九九〇年代にグローバリゼーションが発生し、その時に根本的に異なった形態を取ることになったという理由によって、グローバリゼーションが突如として注目を集め始めたわけではない。現実に起こったことは、ソヴィエト連邦の解体と冷戦の終焉であった。グローバリゼーションは、資本主義と共産主義という冷戦による分断の終焉によって醸成されたイデオロギー的な空白を埋めたのだ。ソ連が解体して共産主義が不可避の問題として存在するのをやめたときに、世界の秩序は不安定なものとなっていった。そこでのグローバリゼーションは、ひとつの確かなものに見えた。さらにいえば、グローバリゼーションはソ連の凋落を説明してくれた。もはや国家主導の産業は、一九八〇年代に勃興した電子化されたグローバル経済に対抗できなかったのである(3)。

そのとき以来、西欧マルクス主義は、東欧やソ連流の共産主義を擁護することをやめた。しかし、今や新たな標的を獲得した。つまり、資本主義のひとつの発展段階としてのグローバリゼーションというものだ。驚くべきことではないが、旧東側や非西側への容赦なき資本主義の拡大は、必然的であり、自然的過程で、ほとんどの人に恩恵をもたらすものではないとマルクス主義者は確信していた。彼らの見方によれば、資本のグローバリゼーションは、英国のマーガレット・サッチャーや合衆国のロナルド・レーガンの政策によって拍車をかけられた一九八〇年代の新自由主義革命を継承したものであったからだ。共産主義がみずからのもつ矛盾に耐えきれなくなって崩壊したとき、マルクス主義の理論家は資本主義内部の矛盾に関心を転じた。マルクス主義は消滅したわけでも、社会分析の道具としての重要性が失われたわけでもないからである。したがって、グローバリゼーションは、これからもしばらく論争の主題となり続けるであろう(4)。

歴史家たちは、グローバリゼーションを関心の対象として取り上げるのが遅かった。歴史家がそれを無視したのには、独自の理由がある。歴史家のあいだでは、国民国家中心的な歴史叙述が拘束的存在であったからだ。一九四九年にユネスコによって始められたフランスの一四歳の学生向け教科書がたどった運命は、とりわけ国民史ないしは国民主義的な歴史のもった圧力というものを明らかにしてくれる。ユネスコは、より射程の広い国民史の事例を提供することによって、「国際理解」を推進しようとしていた。それは、この場合はフランスであるが、あらゆる国民が、ほかの諸国民からの恩恵を受けていることを示すためのものだった。ユネスコの職員たちは、これに続いてくれる国がほかに登場することを望んでいた。著者のアナール学派の指導者リュシアン・フェーヴルと、フランス人で英国経済史の専門家であるフランソワ・クルーゼは、この使命を嬉々として受け止め、フランス人の生活へのグローバルな影響の歴史のモデルを世に送り出した。彼らは、みずからの周りにいる人びとを見わたしてみることを提唱している。ひとつの人種だろうか。そうであることは、ほとんどない。フランス人が、アラブ人やアフリカ人を含む諸民族の「織物」であることを確信するであろう。ほとんどのフランスの樹木は、アジアに起源をもっている。たとえば、プラタナスの木は一六世紀半ばに移植され、栗の実は一七世紀初頭のことだった。同じように、最も古典的といわれるフランスの食物の多くは、別なところに起源をもっている。インゲン豆、ジャガイモ、トマトは、新世界に起源が求められる。柑橘類は極東などなど。要するに、フランスに対する世界の影響というものは、既に六〇年前に知られていたのである。では何が起こったのか。フェーヴルとクルーゼの書物は、明らかにフランスやヨーロッパを軽視するのを嫌っている人びとによって妨害され、当初の刊行予定は遅れ、二

〇一二年に初めて出版されることになった。(5)

大学レヴェルでの専門化は、専門職の歴史家と彼らが研究する国民史のあいだの絆を強固にした。それは、自国民の歴史を研究していない歴史家にとってもそうであった。たとえば、オーストリアの歴史家がイタリア・ルネサンスを研究するとして、それに加えてフランスのフランソワ一世の統治期についてや、ましてやスペイン・ポルトガルによるアメリカ大陸の征服に習熟するのは困難となる。それらの事象は同時期に発生しているのにもかかわらず、である。

専門化は、歴史学やほかの社会科学や人文学の領域が自然科学を模倣する傾向から派生したものだった。専門家であるということは、研究領域をマスターし、検討すべき適切な問題を設定し、それに対する調査を実行、その発見を出版するということだ。かくして、ある種の悪循環が続くことになる。大学側が専門家としての実績の提示を要求するにつれて、出版数は増加する。出版書の数が急激に上昇すれば、対象とする領域が以前にはなかったほどに狭隘化して定義されていく。私もそうであったが、歴史家というものは、まずフランスに、次にフランスのある地方、ひとつか二つの都市あるいは農村に、というかたちで専門特化することから研究を始めるだろう。私の博士論文と最初の刊行物は、旧体制末期とフランス革命初期のシャンパーニュ地方のランスやトロワなどの都市を研究したものであった。(6)

そのような研究の目的は、常にフランス史の解釈に一石を投じることにあった。したがって、二つの国にまたがる分析は、かなり野心的なものとなる。仮にほとんどの人びとがひとつの国のなかのひとつないしは二つの地域について語っているとすれば、歴史家は、異なる言語・文化・歴史をもつ二つの国について、どのように語ればよいのであろうか。一八〇〇年以前の時期を専門とする歴史家たちは、フィレンツェのような単一のルネサンス都市国家に焦点を当てるかもしれない。だが、国民国家は、近代を専門とする歴史家の研究を支配することになった。ヨーロッパ全体を専門とする歴史家など、ほとんどいない。たとえば、フランス史家、英国史家、イタリア史家などが存在するのみである。実質的にアジア史家などは存在しない。日本、中国、インドネシアなどアジアのひとつの国を専門とするだけである。アメリカ両大陸を対象とする歴史家も存在しない。そうではなくて、カナダ、合衆国、メキシコやペルーの歴史家である。アフリカの歴史家は、二つ以上の旧植民地を対象とすることもあるが、同じ宗主国のほかの植民地であることが常となる。

しかし、国家中心的な歴史記述でさえ、国民的アイデンティティの変化の影響を受けて、拡大を始めている。合衆国では、労働者、女性、アフリカ系アメリカ人などがいったん国民の物語への参入を許されるようになると、新たな移民集団もこれに後れを取るつもりはなかった。合衆国の学生たちが世界各地から渡来するようになったので、世界について学習することは、国民的凝集力を創出するうえで重要な補完的手段となる。一九世紀初頭に設立されて以来、アメリカの高等学校では、ある種の世界史が教えられてきた。しかし、一九八〇年代まで、一般的に世界史とは西洋文明の歴史を意味してきた。たとえば、一九世紀末の定評ある教科書では、古代ギリシアやローマ、ヨーロッパの歴史に集中する一方で、インドや中国などについては何も語らないか、簡単に言及するのみであった。一九八二年に世界史協会 World History Association が設立されたことは、世界史がヨーロッパ中心主義的な視座から多元的な視座へと移行しつつあることを示している。大学入学試験協会は、単科大学や総合大学に進学予定の高校生を統括する世界史の学力テストの指導要領において、非ヨーロッパ出身の合衆国の学生数が増加していること、彼らが「特権化されたヨーロッパの過去だけではなく、彼らの文化的起源に触れる歴史教育」を渇望していることを明確に述べている。[7]

ヨーロッパの諸国家のほうは、合衆国とは対照的に、新たな移民を国民の物語に組み入れていく異議申し立てだけではなく、ヨーロッパのアイデンティティを国民国家と世界とのあいだの媒介物として確立するという異議申し立てに直面していたのである。ヨーロッパ連合が長期的に成功するためには、ヨーロッパの諸制度を支えるヨーロッパというアイデンティティを確立できねばならない。過去数年間の経済危機が示したように、共通の通貨や国境管理政策だけでは十分ではなかろう。一九九〇年代後半、ヨーロッパ議会の通達第一二八三号によって、ヨーロッパ連合内の学校では、そのシラバスに「ヨーロッパ全体の歴史、すなわちヨーロッパのアイデンティティをかたちづくってきた主要な政治的・経済的事件と哲学的・文化的運動」を含めるように勧告している。[8]

さらにいえば、世界史はヨーロッパでも台頭しつつある。二〇一三年度の「アグレガシオン」(フランスで中等教育レヴェルでの教職に就こうとする者に求められる試験)の出題範囲として公表されているのは、紀元前八〇〇年から三〇〇年までの地中海域とインダス川流域におけるギリシア人ディアスポラ、スコットランド、イングランド、アイルランド、ウェールズ、フランス、神聖ローマ帝国の西部地方での戦争と社会、一六八〇年から一七八〇年までのヨーロッパの国際交流、一八五〇年代から一九五〇年代までのアフリカ、カリブ海諸島、アジアでの植民地社会などである。たとえそうした論点がヨーロッパに優位性を与えるものだとしても、狭隘な国民を基盤としたものからかなりの広がりをもつことを例示している(9)。

そうしたアイデンティティのより広い網の目(ヨーロッパやグローバル)が、国民的自尊心やその歴史研究との結びつきの危機を緩和できるかどうかは、依然としてわからない状況である。序論で取り上げたウクライナの事例が示しているのは、独立によって国民が内向化して、国民的アイデンティティについて神経過敏になることがあるという点である。旧ユーゴスラビアの解体のあと、国連とヨーロッパ歴史教育協会が、ボスニア、クロアチア、セルビアの歴史を民族集団のあいだでの敵対心をこれ以上悪化させない方法で教えることを目的とする国際セミナーを開催した。歴史学は、その動員力を失っているわけではない。グローバリゼーションの志向性をもつ歴史は、自国の国民的帰属意識だけではなく国際的市民性の感覚を涵養するために役立つであろう。しかし、その効果は、現実のものというより、期待値の段階にとどまっている(10)。

歴史家たちがグローバル・ヒストリーに関心をもつ理由については論争の余地がある。それにもかかわらず、大きな変化が生まれつつある。グローバルというよりも、トランスナショナルな歴史への関心が急速に増大しているからである。『アメリカ歴史評論』の最近の号を開くと、この変化を指し示すものがわかるであろう。ながらく合衆国と西ヨーロッパの歴史に焦点を当てる研究者の砦であった『アメリカ歴史評論』は、いまや定期的にトランスナショナル、地域間史、グローバル・ヒストリーの論考を載せるようになっている。また国民国家の歴史家は、自国の歴史を含めて、ますますその歴史をグローバルなコンテクストに位置づけるようになっている。

たとえば、初期合衆国の歴史家は、アメリカと英国の関係について注視してきた。しかし現在では、合衆国と奴隷制経済のカリブ海諸島との関係や、北アメリカ大陸の一部に入植したフランス人、スペイン人、オランダ人の役割との関係に注目している。同じように、一八世紀と革命期フランスの歴史家は、フランス商人によって奴隷が売買され移送されたカリブ海諸島やアフリカの交易都市だけではなく、フランス本国に対する奴隷制の影響を認識している。フランス領は、カリブ海諸島のマルティニークやカナダのサン・ピエールから太平洋のニューカレドニアまで広がっている。したがって、フランス史をヨーロッパ内部での入植過程に限定することをやめるのは、ごく当然のように思われる。さらにいえば、フェーヴルやクルーゼが六〇年前に論じたように、ヨーロッパ内のフランスでさえ、もはや明らかにフランス的なものと見なすことはできない。たとえば、フランスのカフェが最初に設立されたのは、一七世紀のパリで、アルメニア人の商人によるものであった。多くのフランス人は、一九世紀の後半までフランス語を話すことはなかった。グローバル・ヒストリーは、ナショナリズムが塗りつぶした過去の背後に蠢いているものなのである(11)。

歴史のグローバルな文脈への関心の増大は、グローバリゼーションの影響によるものだけなのであろうか。あるいは、その原因のひとつなのであろうか。多くは、グローバリゼーションの定義やそれがどのように解釈として機能するかに関係してくる。グローバリゼーションは、文化理論によって批判されたパラダイムに取って代わる、歴史解釈の新たなパラダイムなのであろうか。真に新しいものを提示するというよりは、旧いパラダイムを連れ戻すトロイの木馬なのであろうか。私たちは、そもそも旧いパラダイムに対する異議申し立てから得られたすべてのものを失ってしまう危険を冒しているのであろうか。それとも、文化理論は、グローバリゼーション論争そのものを異なったかたちにするのに役立つ批判的視座を提示することができるのであろうか。

そうした質問に答えるためにも、私たちは最初に定義を必要とする。グローバリゼーションとは、世界がより相互に結合して相互に依存していく過程である。相互依存を強調することは不可欠である。というのも、単なる接触では十分ではないからだ。グローバリゼーションは、クリストファー・コロンブスがバハマ諸島に降り立ったときに発生したわけではない。グローバリゼーションは、ヨーロッパ人がアメリカ大陸で栽培された植物(トマト、ジャガイモ、穀物、チョコレート、タバコ)、あるいは、栽培される可能性をもつ植物(奴隷制プランテーションの発展をともなう砂糖や木綿)を嗜好して使用し始めたときに生起したのである。言いかえれば、グローバリゼーションが拡大するのは、ヨーロッパ人とアメリカ大陸が相互に依存したときとなる。たとえ、その相互依存が互恵性や平等性をといったものからほど遠かったとしても、である。グローバリゼーションは、モノや食材の交換に限定されない。それは、経済的・技術的・社会的・政治的・文化的・生物学的な言葉で定義されうるものとなる。[12]

グローバリゼーションは人類史を貫流する長期的なプロセスとして見なすことができる。だが、グローバリゼーションに関するほとんどの論者は、ここ二、三〇年に焦点を合わせている。この短期的視点からは、経済的なグローバリゼーションは、金融制度、交易ネットワーク、(多国籍、トランスナショナル資本主義といわれる)生産循環の世界規模での浸透となる。技術的なグローバリゼーションは、広範にアクセスできる航空旅行、中央集権化された運輸、コンピュータの拡大、それにともなうインターネットへのアクセス、ごく最近では、GPS衛星、無線通信などを通じての時間と空間の圧縮にある。社会的グローバリゼーションは、国から国へ、そして農村部から都市へ、とりわけグローバルなメガロポリスである上海、メキシコシティ、ロンドン、ニューヨークへの移民の増大が原因となっている。政治的グローバリゼーションは、軍事(合衆国)や軍事的抵抗(テロリズム)を通じた世界覇権の確立の試み、大規模な政治単位の影響力の増大(ヨーロッパ連合、世界貿易機構、国際連合)、人権などの政治討議のグローバルな枠組みなどを含んでいる。文化的グローバリゼーションは、アイデンティティや日常生活の行動のグローバルな形態の発展である。混淆《ハイブリッド》的で離散民《ディアスポラ》的なアイデンティティが、よりいっそう重要になっている。アニメ、ビデオゲーム、コーヒー、コカ・コーラ、空港ラウンジなどが世界規模で散見しうる。たとえば、イスラームや福音主義的プロテスタンティズムなどの宗教運動は、そのアイデンティティを国際化に依存するようになっている。多くの場合、生物学的形態のグローバリゼーションは否定的なものとなる。国際的な旅行が、ごく短期間に地球規模での流行病の拡散を可能にしているからだ。

私たちが暮らす世界を描写するうえで、「グローバリゼーション」という言葉は、共通のプロセスを強調するうえで有益なものとなっている。しかし、その言葉がパラダイムや歴史変化の包括的な解釈を表現するものとなるとき、問題が発生する。それは、必ずしもパラダイムを意味してはいない。またそれを使う人も包括的な解釈に合意しているわけではない。むしろ、現在の論争の多くは、その収支決算に関心をもっている。つまり、グローバリゼーションは善いものなのか、悪いものなのか、ということである。善いものと見なされる場合でも、その影響が否定的なものとして見なされるときには、語りの手法は異なったものとなる。(13)

トップダウン

グローバリゼーションを人類にとって善いものと見なそうとも、悪いものと見なそうとも、グローバリゼーションの支持者と批判者は、次の点については同意できるであろう。すなわち、独特の過程が発生して、その原因が第一義的に経済的なものだということ、つまり、資本、とりわけ金融のグローバリゼーションにあるという点である。グローバリゼーションをめぐる指導的な文化理論家の一人であるアルジュン・アパデュライは、次のように現代的通念を繰り返している。「グローバリゼーションは、グローバルな基盤をもつ現在の資本の作用に密接に関連している。……その最も顕著な特徴は、グローバル金融資本の逃避的傾向にある(14)」。

この議論にしたがえば、資本市場や金融投機は、もはや国境線や工業生産力によって制約されるものではない。グローバル資本が場所を固定しないがために、その影響の面でも「脱領域化」が進行している。取引関係はもはや特定の場所で発生するわけではないのである。この脱領域化がグローバリゼーションを規定すると考えるものがいるが、それは国民国家の主権性に挑戦をおこなっている。主権は、結局のところ領域に対する統制の観念のうえに構築されているからだ。脱領域化がグローバリゼーションの主要な特徴であるかどうかはさておき、グローバリゼーションをめぐる賛否の議論は、政治的・社会的・文化的・技術的形態のグローバリゼーションを第二義的、ないしはグローバル化する経済という主要因から派生したものと見なしている(15)。

グローバリゼーションがパラダイムとして機能するにつれて、グローバリゼーションの語りがそのプロセスの不可避性を提起するようになる。英国の社会学者アンソニー・ギデンズは、影響力をもった定式化のなかで次のように記している。「近代性《モダニティ》は、本質的にグローバル化する傾向をもつ」と。したがって、グローバリゼーションを近代化の不可避的な随伴物としている。同じように、カール・マルクスとフリードリッヒ・エンゲルスは、一八四八年の『共産党宣言』のなかで、資本主義の本質的な特質としてグローバリゼーションの傾向を予見していた。「絶え間なく拡大してゆく生産物の市場を求めて、ブルジョワジーは、全地球上の領土を追求する。……旧いローカルで国民的な自己充足的なものに代わって、あらゆる方向性において相互交流、諸国家間の普遍的な相互依存関係をもつにいたっている」。(16)

したがって、パラダイムとしてのグローバリゼーションは、その過程の不可避性、推進力としての経済の優位性、経済的要因に焦点を合わせる研究が望まれていることなどを主張する。グローバリゼーションを全体として分析することを試みた歴史家の研究は、この〔史学史的〕発展を考察している。ポルトガルの歴史家カチア・アントゥネスは、グローバリゼーションに対する最近の歴史研究の様式を描き出している。ブローデルの全体史の観念、イマニュエル・ウォーラステインの世界システムへの注目、そしてグローバリゼーションをアジア、とりわけ中国により大きな関心を払って考察するアンドレ・グンター・フランクの「リオリエント」の試みなどであった。(17)

ブローデルは、アナール学派に関連するほかの歴史家の多くとは異なり、その関心をフランスに限定することはなかった。一九四九年に地中海世界全体を扱った画期的な研究『フェリペ二世時代の地中海と地中海世界』を刊行すると、彼は関心を資本主義のグローバル・ヒストリーへと転じた。一九六七年に『文明と資本主義』は登場したが、一九七九年には三巻本へと拡大されて『物質文明と資本主義』というタイトルになっていた。「文明」という言葉を使っているにもかかわらず、経済一般、特に資本主義の優位性は明らかである。たとえば、第一巻の最後で、ブローデルは、資本主義を特異なアクターとして描いている。「資本主義はというと、自分が介入したい、そして介入できる領域と、運任せに放置しておく領域とを選び分けることができた。そしてこれらの要素をもとにして、自分自身の構造を絶えず作りなおし、ことのついでに他者の構造を少しずつ変えていったのである[18]」。

アメリカの社会学者であるイマニュエル・ウォーラステインは、ブローデルの作品に魅了されて、ニューヨーク州立大学ビンガムトン校に「経済、史的システム、文明の研究ためのフェルナン・ブローデル・センター」を立ち上げ、個人的に三〇年にわたってその運営を見守った。もともとアフリカの専門家であったウォーラステインは、一六世紀以来、世界のあらゆる場所が世界システムの一部に組み込まれていると主張した。二〇〇四年に刊行された要約的著作のなかで、彼はグローバリゼーションと〔世界システムとの〕関わりをこう説明している。「世界システム分析の提唱者たちは、……「グローバリゼーション」という言葉が発明されるよりもずっと以前から、グローバリゼーションについて語っていた。しかし、それは、なにかあたらしい現象としてではなく、一六世紀に始まって以来、この近代世界システムの根幹をなしてきたものとしてである」。近代世界システムは、「いまもこれまでもずっと世界＝経済であって、いまもこれまでもずっと「資本主義的な世界＝経済」であった」と彼は主張する[19]。

アンドレ・グンダー・フランクは、ウォーラステインと同じくポスト・ブローデル世代のドイツ系アメリカ人の経済史家であるが、ウクライナの農業について博士論文を執筆した。しかし、チリで教鞭をとっているときに『ラテンアメリカにおける資本主義と低開発』(一九六七年)〔『世界資本主義と低開発』大崎正治ほか訳、大村書店、一九七九年〕を出版して、それはいわゆる「従属理論」の最重要文献となった。従属理論は、すべての国家が同じ発展段階を通過するという近代化論の見解に異を唱えて、豊かな国家が安価な労働力や工業製品の市場へのアクセスを維持するために、貧しい国家を従属状況においていると主張したのである。

いくつかの点において、従属理論は世界システム分析と適合的なところがあるが、フランクは世界システムは時間的に紀元前四〇〇〇年の農業と文字の発生まで遡ることができると考えていた。これがアジア、とりわけ中国に対する関心へとつながっていく。フランクは、ウォーラステインの世界経済分析が、あまりにもヨーロッパ中心主義であると考えていたからである。それどころか、マルクスやヴェーバーから、ブローデルやウォーラステインにいたるまでの西欧とオリエントを比較するそれまでの試みが、すべてヨーロッパ中心主義によって目隠しをされていると主張した。彼の書物のタイトル『リオリエント』は、この点に関する彼の意図を明確化するものであった。しかし、書物の副題『アジア時代のグローバル経済』の方が、ここでの私の目的からすれば重要であろう。ブローデルやウォーラステインと同じく、フランクもまた経済に優先順位をおいていたのである。[20]

経済変動の推進力を重視することによって、現実のグローバリゼーションが単一のプロセスとされるのと同じように、パラダイムとしてのグローバリゼーションも雑食性のものとされた。グローバリゼーションは、その過程においてすべてのものをむさぼり食っていたのだ。この点において、ブローデル、ウォーラステイン、フランクの立場は、彼らのあいだでの解釈の違いはどうであれ、グローバリゼーション・パラダイムをより一般的に象徴するものであった。グローバリゼーションは、近代化論とマルクス主義という、歴史研究の主たるパラダイムのうちの二つを組み込んでいた。そして、もうひとつのパラダイムであるアイデンティティの政治を劇的に変容させ、その一方で、(ブローデルの役割にもかかわらず)第四のパラダイムであるアナール学派を無視することになった。

多くの人びとにとって、グローバリゼーションは近代化論の新たな名称であり、いまやマルクス主義はその代案を展開するというよりは、それに対する批判に関心を集中していった。グローバリゼーション・パラダイムにおいて、もはやアイデンティティはエスニシティのような固定化された社会的カテゴリーから派生するのではなく、人種のような文化的構築によって派生するものでもなかった。グローバリゼーションは混淆的なアイデンティティを創出しているが、それは既存の定義の限界を打破することで、アイデンティティの政治の前提条件を変容させることになる。アルジュン・アパデュライは、二〇年以上前に「グローバルなエスノスケープ global ethnoscape」の発展に注意を促していた。グローバルな人びとの移動が、新しい、かつては想像できなかったような形態のアイデンティティを生み出すだろうと予言していたのである。旅行者、避難民、出稼ぎ労働者、移民、亡命者などは、もはや社会的アイデンティティの規則の例外ではなかった。彼らの重要性は増大しており、新たなエスノグラフィを要求するものとなった。すなわち「トランスナショナルな人類学」であり、アパデュライによれば、それは伝統的な境界線を越える新たな形態の流動的で混淆的なアイデンティティを捉えられるのだという。いまや社会学者は、「トランスナショナルなアイデンティティの政治」を分析しているが、それは、「グローバリゼーションが、文化や社会を混淆化し、特異化し、ポストモダン化している」ときに生み出された結果なのである(21)。

アナール学派は、パラダイムとしてのグローバリゼーションの誘惑から相対的に自由なところにいた。その一方で、多様なトランスナショナル・ヒストリー、つまり地中海世界、大西洋世界、インド洋世界などのより小規模な「世界」の研究を推進していくことになる。資本主義の歴史を分析するというブローデルの指導にしたがったものは、ほとんどいなかった。事実、フランスのほとんどの歴史家たちは特定の国民国家、とりわけみずからの国家に焦点を当てるにとどまった。二〇〇〇年にフランスにいる二〇〇〇人の近世・近代の歴史家たちがおこなった調査によれば、二九人がロシア史や東欧史の専門家であり、一九人が中国史、一五人が日本史であった。歴史家の大多数が、フランスを専門としていたのである。フランスがグローバリゼーションの馬車に乗り込むのが相対的に遅かったことは嘆くべきことである。だが、そこには「後発的」な工業化と同じく利点があった。何が起こりつつあるかが目に見えるようになったときに、その落とし穴を避けることが容易だったからである(22)。

既存の歴史研究のパラダイムのうち三つが包括的なグローバリゼーション・パラダイムに吸収されていったことは、二つの潜在的に問題をはらんだ影響をもたらすことになった。すなわち、マクロレヴェル、とりわけマクロ経済に視点を移したことと、経済がほかのすべての生活を規定するという前提に立っていることである。要するに、グローバリゼーション・パラダイムは文化理論が批判してきた前提そのものを再び主張しているのであり、したがって潜在的に過去数十年の文化史の成果を洗い流してしまう危険性をもっているのである。

しかし、多くのことは、どのようにグローバリゼーションが研究されるか、とりわけトップダウンかボトムアップのどちらからアプローチされるのかにかかっている。トップダウンの見地からすれば、グローバリゼーションは、地球のあらゆる地域を変容させて、ウォーラステインのいうところの世界システムを創出していくひとつのプロセスとなる。ボトムアップの見地からすれば、多様な場所の歴史が接続されて相互に依存していく、ひとつのトランスナショナルなプロセスとなる。視座を変化させれば、最終的に同じような結論にいたるわけではない。それどころか、異なる二つの視座によって、ひとつのプロセスとしてのグローバリゼーションをめぐっての理解の分岐が生じることになる。

トップダウンの視座は、世界史やグローバル・ヒストリーのひとつにすぎない。世界史家のジェリー・ベントリーが言うように、もしグローバリゼーションを歴史化することの目標が、「世界各地の多数ある表面上は別々な社会を結びつける大規模なプロセス」を対象化することであるならば、モノや人の交流の国際的なパターンは、ほとんど必然的に最優先の事項となる。もし交易や商業が前面に出ないならば、人や病気の移動がその代わりとなる。グローバリゼーションに対するトップダウンの視座は、歴史家の関心をマクロ・ヒストリー的な視座、あるいは体系的なプロセスに向かわせるように運命づけられているように思われる(23)。

最近、グローバルないしはマクロ・ヒストリー的な視点への関心が登場していることについては、さまざまな原因が求められる。グローバリゼーションをめぐる不協和音をともなう議論に対しては、必然的に歴史家のあいだにも呼応するものが登場することになった。そうした歴史家たちは、とりわけグローバリゼーションがここ数十年間で根本的に異なった形態を取るようになったのかどうかという論争中の諸問題に答えようとして、グローバリゼーションのプロセスの歴史を探求することになった。文化理論に対する不満、ならびに文化史家がミクロレヴェルに焦点を当てることに対する不満が、反動的にマクロ・ヒストリーを求める傾向に火をつけることになった。パトリック・オブライエンは、グローバル・ヒストリーに関する論文のなかで次のように述べている。「ディペーシュ・チャクラバルティのいう「人間の生活世界の多様性を探し求めるなかで細部についての愛着をもった理解」を提供するような歴史を研究して教育することには、野心という以上の何ものかが存在している」。結局のところ、テロとの戦い、中国の台頭、グローバル経済危機などの現在の出来事は、グローバルな視座を促すのである。(24)

因果関係をめぐる議論を放棄することによって、文化理論はほかのものが占めてきた位置を空けたことになる。グローバリゼーションの歴史や「大きな問題」への回帰に関心をもつものは、この因果関係の空白を埋めようと試みた。たとえば、ジョン・ホブソンは、『西洋文明の東洋的起源』というタイトルをもつ書物のなかで、(「西暦五〇〇年から一八〇〇年まで西洋よりも先進的であった」)東洋は、いわゆる西洋の勃興を引き起こすことを可能にしたと論じた。「オリエンタル・グローバリゼーション」に関する彼の解釈は、「ながい一連の大きな問題」に取り組むものであった。「一四九二年の神話」(未知の土地を発見する能力に秀でた西洋人の特異性という観念)、なぜ英国が最初に工業化したのか(それは、技術革新の結果ではなく、軍事力の産物であった)、合理的な西洋の自由民主主義的な国家と、西洋と東洋との大きな隔たりという双子の神話などである。ホブソンの狙いとするところは、西洋の勃興に関する伝統的な解釈を転倒させることにあるが、それでも同じ前提条件から出発している。つまり、西洋の勃興は説明を必要とするものであり、それはトップダウンの経済的な視点によって説明することができるというものであった。(25)

ペルーの社会学者アニバル・キハーノは、グローバリゼーションの起源について別なかたちでの反ヨーロッパ中心主義的な歴史解釈を提示している。彼が強調するのは、「アメリカ」(アメリカ大陸)によって演じられる重要な役割である。「アメリカは、最初の近代的でグローバルな地政文化的アイデンティティである。ヨーロッパは二番目のものであり、アメリカのアイデンティティの帰結として形成されたのであって、その逆ではない」。近代的な形態のヨーロッパとは、先住民、黒人、メスティーソに苦役を課すことで形成されたのであり、そうした人びとは「鉱山業や農業における発達した技術」や、金、銀、ジャガイモ、トマト、タバコのような重要な材料を食卓にもたらした。そのことに関しては、ヨーロッパでもなく、「東洋」でもなく、南北アメリカ大陸が、因果関係上の引き金を引いたことになる。(26)

さらにいえば、キハーノは、世界のいたる所で直接的な植民地主義が終焉しているにもかかわらず、依然としてグローバリゼーションが「権力の植民地性」を基盤にしていると論じる。アメリカ大陸の征服は、キハーノが明らかに近代化と同一視しているグローバリゼーションについての永続的モデルを設定した。グローバリゼーションは、二つの相互に関連した軸のまわりを回転している。ひとつは強制労働に依拠した資本主義であり、もうひとつは征服者と被征服者とのあいだの差異の生物学的コード化たる「人種」である。新たなシステムの根拠が、ヨーロッパ中心主義そのものだった。キハーノは文化的要因である人種が、グローバリゼーションで重要な役割を果たすと論じる。だが、彼はそれが最初は政治権力に、次にはグローバル資本主義の構造に従属していると論じた。なぜなら、それらは征服の時期が終焉してからも、長期にわたって存続しているからである。したがって、ヨーロッパ中心主義を批判する試みのなかで、彼は世界資本主義の「ヨーロッパ中心主義化」を不可避のものとすることで終わっている。ここでも、経済が君臨しているのである(27)。

文化史は個別的であり、特異な個人とそのミクロストリアに関心を寄せすぎであり、因果関係よりもコンテクストに関心があるとみられている。それならば、グローバル・ヒストリーやマクロ・ヒストリーは、優れた代案として提示されるであろう。しかし、トップダウンの視座は、独自の問題をいくつか抱え込んでいる。グローバリゼーションと近代における西欧の支配とを所与のものとして、世界規模の経済過程を優先するからである。しかし、それは大きな問題に対する因果論的な回答を与えるうえでは役に立つが、しばしば誤った大きな問題を提示している。サンジャイ・スブラマニヤムが論じているが、「(マルクスとW・W・ロストウという)二つの祖をもつ発展段階論的視座を捨て去る必要があるのだ。それは、探究するに足る唯一の問題は、近代産業資本主義にいたる長い道のりのなかで、誰が成功して、誰が失敗したのかということを、近代国民国家のリストのなかから選ぶことにあると考えているからである(28)」。

世界規模のプロセス、特に経済に割り当てられた重要性は、ある程度までは資料が利用できるかどうかという点に起因するものであった。思想や実践の流通をたどっていくよりも、モノや人の流れの統計的指標を利用する方がずっと簡単だからである。数ある事例のなかのひとつを挙げれば、アジアやヨーロッパの技術革新の国民的体系に対するグローバリゼーションの影響を決定する野心的な試みは、次のような言葉で技術革新を定義することで始められている。「主として企業によって遂行される経済的重要性の新たな創出」である。現代的なデータに基づいた研究のために用いられている「人間開発指数」は、一人当たりのGDP(国内総生産)や平均寿命などである。たとえば、ほかの非経済的な形態を取る個人の発達の機会を測定するよりも、一人当たりの所得を比較することの方が簡単である。早い時期には、経済指標は簡単に手に入る唯一の統計的史料となることもある。したがって、まさにスケールを拡大することによって、グローバリゼーション・パラダイムは、経済などの構造的な解釈を好むようだ。さらにいえば、それは、まさに冷戦期の「成長をめぐる競争」に油を注いできたようなマクロ経済指標(GNP、GDP)に依拠している(29)(たとえば、われわれの体制は、より多くのGNPを生産しているので、あなたの体制よりも優秀だというもの)。

ボトムアップ

しかし、実際のところ、歴史の専門性は綿密な学知に基づいているという理由だけからみても、歴史家のあいだではボトムアップな視座の方が、より一般的なものとなる。ほとんどのグローバル・ヒストリーは、真に地球規模のものであるというよりは、(同じ国家に属さない二つ以上の場所の間での結合について)トランスナショナルなものか、(二つ以上の地域を比較する)比較史的なものである。歴史家のあいだでは、ブローデル、ウォーラスティン、フランクなどを模倣するものはほとんどいない。ブローデルの資本主義に関する三巻本は、ヨーロッパ内部での近代世界の経済的起源を探求したもので、日常生活についての豊富な叙述的史料を提示しているが、グローバリゼーションについての一般的な命題をもっていない。ウォーラステインやフランクは、グローバリゼーションの歴史についての総合理論を提示しているが、独自の調査研究をおこなっているわけではない。ほとんどの歴史家たちは、政治学者のホブソンや社会学者のキハーノとは違って、全体史的な叙述や全体を包括する理論とは距離を取ってきたのだ。

ボトムアップの視座は、包括的な理論モデルを検証しようとするものではなく、新たな一般化を構築するための新史料を発見しようとする中間地帯を提示している。グローバリゼーションをボトムアップな視座から眺めることで、多様な視座を調停することができる。そうした視座は、国境線を越えていくという条件を満たしさえすればよいのである。歴史家たちは、故意に国境線を横断した視座をとることによって、境界地帯、砂漠、河川、海域など長く無視されてきたトランスナショナルな空間を再発見することになった。ブローデルが地中海について執筆していたとき、彼はもっぱら沿岸地帯に焦点を当てていた。彼が読者に望んだのは、地中海の沿岸に暮らす人びととその後背地とのあいだの相互の結合関係を理解することであった。新たな海域的アプローチは、歴史というものが陸地だけのものではなく、水に関するものでもあることを教えてくれている。海域が強調されるにしたがい、陸地の領域としての国民国家が必然的な研究の出発点となるわけではなくなった。一九九〇年から一九九九年までの『アメリカ歴史評論』は、「海域」をタイトルに冠した四本の書評を掲載しているが、論文は存在しない。二〇〇〇年から二〇〇九年にかけては、海域に関する一七の書評と五本の論文を掲載している。[30]

グローバル・ヒストリーを専門とする雑誌を見てみれば、そこではボトムアップな視座が支配的であることがわかってくる。たとえば、『グローバル・ヒストリー』誌の二〇一二年三月号は、新生国家としての合衆国と大コロンビアの財政、一八―一九世紀初頭のロシアの北西太平洋への態度、一九世紀初頭のアフリカ系アメリカ人移民、一九三〇年代までの英語圏でのイングランド人結社に関する論文が含まれていた。わずかひとつの論文だけが、世界経済史の国民所得に関する推計を利用した世界規模の論文であり、しかもその論文は、ヨーロッパ型の国民国家に有利に働くという理由から、そのような推計が意味のあるものか疑問を呈するものであった。[31]

ボトムアップな見地から考察することは、前提となる仮説をほとんど必要としない。たとえば、グローバリゼーションが現在もこれまでも、経済によって起動されるということを前提とする必要はない。マーシー・ノートンは、大西洋世界におけるタバコとチョコレートについての模範的研究のなかで、スペイン人がアメリカ大陸において家政婦、現地妻、先住民の祈禱師、市場の呼び売り人たちから、タバコとチョコレートの使用法を学んでいたことを明らかにしている。帰還した入植者や船乗りたちはタバコとチョコレートをスペインにもち帰ったが、そうした商品の交易は一六世紀の終わりになってようやく始まることになった。それは、コロンブスの最初の航海から一世紀を経た後のことであった。チョコレートの最初の大規模な積み荷は、南北アメリカ大陸で時を過ごした経験をもつエリート商人やカトリックの聖職者からの注文を受けたものだった。タバコの物語は、ずっと複雑である。ひとたびその理由は、ヨーロッパ諸国の政府の多くが、タバコを統制し独占をも試みたからである。

タバコのプランテーション栽培がカリブ海諸島で拡大すると、すべてのヨーロッパ系大西洋国家の密輸業者、海賊、積み出し人などが、その作物を求めて殺到する。そして、ほぼ同時に、そうした国家ではタバコに対する嗜好が確立していく。まもなく、タバコの使用が、中東、アフリカ、インド、中国、日本へと拡大していった(32)。

タバコとチョコレートの消費は、文化融合の過程を通じてヨーロッパへと拡大していった。交易の拡大は、征服活動によって直接的にもたらされたわけではなかった。つまり、それは嗜好の変化によって可能となったものであり、そうした変化は、先住民の影響のもとに発生したのだ。チョコレートの場合には、とりわけ女性が重要であった。そうした発見の重要性は、近世のチョコレートやタバコの例にとどまらない。というのも、ノートンが主張するように、チョコレートはコーヒーへの道を切り開き、その二つは、茶とともに、砂糖、陶器のチョコレート瓶、中国製ティーカップの模造品などに対する需要を生み出していったからだ。砂糖とともに、プランテーションと奴隷制が登場する。ヨーロッパ人は、奴隷を購入するために、インド製の織物やモルディヴ島産の貝殻が必要となった。そうした商品は、アフリカ商人によって好まれたからである。要するに、一六世紀の南北アメリカ大陸の個々のスペイン人世帯で発達したチョコレートやタバコに対する嗜好は、グローバリゼーションの初期の最も強力な波動を起動させることになった。この波動は、膨大な経済的変化を生み出した。しかし、その影響力は、ローカルな文化的パターンとその時代的な変化に注目することによってのみ理解可能となる。つまり、征服者と被征服民とのあいだのジェンダーや人種の関係、スペイン人とほかのヨーロッパ人社会内部での階級分化、嗜好の変化を受け止める側の人びとの経験などである。

ボトムアップな視座は、近世(一五〇〇—一八〇〇年)のグローバリゼーションを研究するうえで、とりわけ有益であることが立証されている。造船や航海術の進歩は、しばしば軍事力や継続的な抑圧の手段を用いながらではあるが、ヨーロッパ人が地球規模で旅行し、毛皮商人と接触し、持続的で多様な関係を確立することを可能とした。しかし、交易と軍事的衝突がグローバルな様相を帯びるようになったときも、遠距離のコミュニケーションには、しばしば数カ月といった、かなりの時間を要した。書簡と手書きの時事回報は、価格、商業上の接触、通貨交換比率などについての不可欠な情報の源であることを証明し、グローバリゼーションが作動していく様子についての貴重な歴史資料を提供してくれた。相対的に見れば近世の時期はグローバリゼーションの程度が低い段階にあるので、研究がしやすくなっている。電話や空港の会議室での交流ではなく、電子メールが現在のグローバリゼーションの重要な手段であることを研究者は前提としているが、近年のように、グローバルな交易のなかで交わされるようになった何百万の電子メールを把握しようとしてみればよかろう。そのような不安は、近世の書簡の交換の分析にともなうことはない。

一七、一八世紀のセファルディのユダヤ人〔スペイン・ポルトガル系〕やペルシアのアルメニア人についての研究は、ヨーロッパ人の征服者やヨーロッパの大商事会社によって支配された流通経路の外部で発達したグローバルな交易ネットワークに注意を促してきた。フランチェスカ・トリヴェラートは、イタリアのリヴォルノを拠点とするユダヤ人家族経営の会社によって交わされた一万三〇〇〇通以上の書簡を用いて、地中海の珊瑚やインドのダイヤモンドのグローバルな交易を跡づけた。セブー・アスラニアンによる研究によれば、ジュルファのアルメニア人による運輸システムは、ジュルファの商人が、インド洋、地中海、北西ヨーロッパ、ロシアという当時としては信じられないほどの広範な領域で交易することを可能としていたのだった。トリヴェラートやアスラニアンは、多くの場合、交易活動が、想像もできないほどの距離におよぶ壊れやすい文化横断的な取引、長距離を移動していく家族構成員の意志、書簡の交換などに依拠していることを証明してきた。ユダヤ人やアルメニア人のようなディアスポラ共同体は、南アジア人、中国人、アフリカ人まで(スコットランド人はいうにおよばず)含めて、とりわけて関心を集めてきた。なぜなら、彼らは過去においてグローバリゼーションの担い手となってきたし、現在もそうであるからだ。彼らは旅をして新しい結合を確立したが、それらは旧い関係と結び合わされたのであった。彼らは、グローバリゼーションを、地面すれすれから、つまり、ある時代のひとつの手紙、ひとつの売買、ひとつの関係性から構築していったのである(33)。

ボトムアップな視座は、根本的なかたちでグローバリゼーション・パラダイムを見直すことを可能とする。経済的な動機は、もはや本質的に第一のものとして考えられる必要はない。交易を目的とする多くの事例においてさえも、嗜好の変化、個人的交流、家族の紐帯、識字率、宗教的感覚など、ほかの要因がグローバルな経済的取引を可能としている。さらにいえば、国民国家は比較の単位として必ずしも有益ではない。その前提となっていたのは、ほとんどの経済統計が近代の国民国家によって収集されているというだけの理由なのである。

ダチョウの羽毛の事例は、とりわけて示唆的なものとなる。それは、一九世紀後半から二〇世紀初頭にかけて女性の極上の帽子の飾りとして用いられていた。イディッシュ語を話すリトアニアのユダヤ人は、ロシア帝国から南アフリカに経済的ならびに社会的機会を求めて移住していったが、ダチョウの羽毛交易の鍵となる仲介商人として従事することになった。彼らは、ロンドンのユダヤ人羽毛商人に商品を売った。ロンドンのセファルディ系のユダヤ人家族経営は、ラクダの隊商でサハラ砂漠を横断してトリポリなどの北アフリカ諸都市に輸送されてきた羽根を購入した。さらに、ほかの隊商はアデンからやってきたが、そこはイエメン系のユダヤ人が交易を支配していた。羽毛は、パリやニューヨークなどに再輸出された。この交易の先駆的な研究をおこなったサラ・スタインは、この交易がほとんど無視されてきたのは、経済史や文化史では依然として理論化されていない隙間に入っているからだと説明している。それらの交易ルートは、どんなに遠距離ではあっても、需要と供給のローカルな交易路をたどることによってのみ追跡が可能となる。ひとつや二つの国家の記録を丹念に調べることによっては、明らかにしえないものなのである。さらにいえば、すべての商品がそうであるが、その勃興と衰退は文化的なパターンに依拠しており、この場合は女性のファッションであった(34)。

最も説得力をもつグローバリゼーションの歴史研究が、チョコレート、タバコ、ダイヤモンド、金、織物、マホガニー、茶、ダチョウの羽毛などの特定の商品に焦点を当てるか、ユダヤ人、アルメニア人、南アジア人などの特定の民族ネットワークを対象にしている。商品やネットワーク、つまり交換されるモノやそれらを交換する人びとをたどることによってのみ、グローバリゼーションの動きが真に理解できるのだ。もし脱領域化がグローバリゼーションと関連しているのであれば、(たとえば、ひとつの国から別の国へのような)正確に定義された場所から別のところへと移動するだけではなく、隊商や護送船団、海賊や密輸業者の生息地、奴隷市場や銀行など、地域をつなぐ新たな媒介的な空間を創出しながら、モノや人が境界を越えていることによる。通貨交換や信用状など国際交流のための新たな装置が、そうした媒介的な空間を縫合するために発明されねばならなかったのである。要するに、脱領域化とグローバリゼーションは目に見えない制度や過程が作動することによって否応なしに起こるのではなく、人びとが行動して相互に交流することによって発生するのである。

この種のボトムアップの研究は、グローバリゼーションが、近代化論、すなわち西欧的な価値の流通・吸収・強制を通じた世界の同質化の別名であるという考え方に有効に対置される。グローバリゼーションは、近世以降に起源をもつさまざまな要因から成長した。すなわち、イラン、アフガニスタン、ロシアの中央アジア地帯などで交易するヒンドゥー教徒の商人。インド、中国、フィリピン、ロシア、(オスマン・トルコを含む)地中海、北ヨーロッパなどで交易するジュルファのアルメニア人。サハラ以南ルートを、宗教だけではなく、金、塩、皮、奴隷、写本などを積み荷として移動するムスリム。中央アジアの隊商ルートのあれこれの地域を担当していた多数の諸民族。多くの手を通してインドの綿製品をアフリカやヨーロッパへと流通させていた商人。それらは、近世のもつ事例のいくつかに言及したにすぎない(35)。

ヨーロッパ人は、すべてというわけではないが、そうした循環に侵食し始めた。しかし、ヨーロッパ人が介入しなかった場合でさえ、地元の人びとは、古い慣習を継続したり、自分たちで方策を開発したりと、新たな対策を見いだした。西欧は、みずからのやり方で世界をグローバル化したのではない。世界を股にかける冒険家や企業家たちは、みずからの地元をより大きな相互結合や相互依存の関係に組み込んだ。グローバリゼーションが西欧独自の創造物でないのであるなら、グローバリゼーション・パラダイムは多元的な起源やプロセスを考慮することによって修正されなければならない。グローバリゼーションは、近代化と同一のものではない。グローバリゼーションは相互依存を意味する(双方向の関係なのだ)。(一方向的な)単純な西欧的価値の吸収ではない。非西欧世界の歴史や研究者たちは、グローバリゼーションがこうして相互に参加しつつ構築されたのだということを理解するうえで重要となる。

このボトムアップという、本当の意味でのグローバルな視座によって、グローバリゼーション論争の誤った仮説のいくつかに反駁することが可能となろう。グローバリゼーションが西欧化と同一ではないのと同じように、歴史研究のグローバリゼーションも、必ずしもヨーロッパ中心主義的な発展モデルが支配的となることを意味しないからである。近代科学や近代歴史学は最初に西欧で定着したが、科学と歴史学は本質的に西欧的なものではない。西欧の地政学的な優位が、科学とある程度の歴史学における西欧の支配へと翻訳されていったのである。しかし、力関係が変わるにつれて、科学と歴史学も変化した。二一世紀におけるグローバルな知の生産に関する研究のなかで、英国王立協会は、一九九九年から二〇〇三年、二〇〇四年から二〇〇八年にかけて、グローバルな出版物に合衆国の占める割合が二六%という衆目の認める高いレヴェルから二一%へと落ち込んでおり、その一方で、中国が四%から一〇%へと上昇し、日本、英国、ドイツ、フランスなどを抜いて、その地位を世界第二位へと押し上げたことを発見した。そのような短期間での変化の度合いは驚くべきものがあり、将来においてはそれほど大きくはないまでも、同様の変化を予期させるものである。(36)

普遍性と多様性

グローバリゼーションのような普遍的概念は、本質的に西欧的なものではない。なぜなら、それらは普遍的であるからだ。ウォルター・ミニョロは、普遍主義的立場を拒否するもののひとりである。なぜなら、普遍主義は、西欧文明の覇権の再強化を意味するものにほかならなかったからである。彼が唱導するのは、「多元性で、それは、普遍性に対するオルタナティヴであり、正義、平等、人権、認識論的多元性などの名前のもとで、グローバリゼーションと地球規模で対峙するネットワークのもたらす可能性を提示している」。感情的には反ヨーロッパ中心主義を賞賛しているのかも知れないが、ミニョロは、何が正義、平等、人権、認識論的多元性を正当化するのかについては説明していない。多元性を希求することさえも、それ自体が普遍的な主張ではないのか。グローバリゼーションを批判するほかの多くのものと同じく、ミニョロはそれを所与のものとして、また一枚岩的なものと見なしている。(37)

幾人かのものが示唆するように、現在の合衆国の政治的覇権や思想的なヨーロッパ中心主義から逃れでようとして、あらゆる種類の社会科学ならびに歴史研究を拒絶することにつながってはならない。社会科学のほとんどの分野(歴史学、社会学、経済学、人類学)が最初にヨーロッパで発達し、そこから外部、とりわけ合衆国へと展開していったからといって、大学を基盤とした研究が「西欧」固有のものであるということにはならない。ディペーシュ・チャクラバルティでさえ、「大学などの制度的な場で生産される「歴史学」の言説」を批判しつつも、大学での研究に参画しており、それはこの場合には、歴史学について批判的に書くことを意味している。過去において、西欧の歴史家や社会理論家たちは、非西欧文化を比較するうえで、発展のための基準としてヨーロッパを用いてきた。たとえば、ごく最近まで、非西欧文化に見ることができる歴史叙述の多様性を評価してこなかった。近世のグローバリゼーションについての新たな研究が成功しているのは、まさにこの点である。つまり、ユダヤ人のように、ヨーロッパの外部で生活し、ヨーロッパの交易網の外部にいるような人びとが、世界という舞台でグローバリゼーションを創出した事実を示すことである。(38)

分析のカテゴリーとしてのグローバリゼーションの登場に対して、文化理論の視座からはなすべき多くの研究が残っている。ソヴィエト連邦の崩壊後に、なぜグローバリゼーションが共通の言語となったのか。多くのものが、グローバリゼーションは何よりも脱領域化された資本主義的市場であることを前提とするのはなぜであろうか。現代的な問題に答えようとするうえで、グローバリゼーションについての長期的な視点は有益であろう。近世のグローバリゼーションについては目覚ましい研究がなされてきたが、多様なグローバリゼーションに関しても、さらなる研究がなされなければならない。ヒンドゥー教、仏教、キリスト教、イスラーム教などは、資本主義やグローバル商業の歴史と同じくらいの時間にわたり、グローバルな影響力を保持してきた。しかし、ごく最近の研究は、グローバリゼーションが宗教に与える影響に関心をもってきたのであって、その逆ではない。地域間の結合と相互依存は、交易や軍事的征服のみによって確立されるのではない。宗教は交易や軍事的征服と手を携えて進むことがあるが、必ずしもそうではないことは、東南・中央・東アジアに仏教が拡大していく過程を見れば明らかであろう。さらにいえば、そうした歴史は、宗教、軍事的征服、交易、政治というものが、最大の影響力を行使する要因は交替しながらも、相互に絡み合っていることを証明してくれる。(39)

同じように、一九世紀と二〇世紀のナショナリズムのグローバルな拡大とローカルな定着に関しては、経済発展によっては完全には説明できないし、それが主たる要因にもならない。ナショナリズムの研究は、文化的アプローチの影響によって、ここ数十年に再び盛んになった。ベネディクト・アンダーソンは、みずからのナショナリズム研究のアプローチの方向性を『想像の共同体』でもって示している。「想像の共同体」は、直接的な近親関係にはない人びとへの深い愛着の一形態であった。アンダーソンは、ナショナリズムの登場を出版資本主義の登場と結びつけた。それは、土着の言語に対する大量の読者層の登場を促すことによって、宗教的共同体のもつ神聖なる正典の力を解体した。とりわけ小説や新聞の形態を取る、この読書の拡大は、翻って新たな世俗的な結合の感覚を醸成していった。そこでは、相互のより広い結びつきを認識することができた。たとえば、新聞を読んでいるときに、ひとりの人間は別の人間が同じ新聞を同時に読んでいることを認識しているし、この世俗の時間における同時性の感覚というものが、国民という新たな想像の共同体の基礎を構成していた。アンダーソンは、そうした展開を資本主義一般の発展と結びつけるつもりだったが、彼は文化的諸要素に力点を置いた。彼が説明しているように、「国民性は、ナショナリズムとともに、特異な文化的人工物である」と論じたかったのである。(40)

ほかの研究者も、みずからのアプローチへのアンダーソンの影響を認めつつも、文化的な議論をさらなるかたちで発展させようとしている。アルベルト・マリオ・バンティは、イタリア・ナショナリズムに関する一連の画期的な研究書のなかで、経済的・社会的要因の優位性に異議を申し立てており、小説、歴史、絵画、唱歌などにおける愛国的表現への情動的反応の役割に注意を向けている。言いかえれば、アンダーソンのいう小説や新聞といったものを超えようとしているのだ。異なる社会的・政治的・宗教的・地域的な出自からなる人びとが同じ愛国的なナショナリズムの言語をもちいるが、そうした言語は親族関係、犠牲、そして愛・名誉・徳の三位一体のようなイメージや価値を絶え間なく惹起することで構成されている。そうした諸理念は旧いものではあるが、国民への結合関係は新たなものとなる。バンティは、オペラ、詩、絵画などに対する合理的で知的な反応ではなく、情動的な反応を重視するが、それはナショナリズムの奥深さ、その持続的な性質、イタリアのような国では人口の重要な部分を構成していた文字の読めない人びとへの浸透力を説明するためであった[41]。

ナショナリズムは、グローバリゼーションを促進するものなのか、それとも妨害するものであろうか。その両方のように思われる。国民国家は、一七七六年の英領北米植民地での反乱から現在にいたるまで、瞬く間にグローバルな形態で噴出して拡散していった。いまや、そうした反乱は、それにふさわしい注目を獲得し始めている。一八二〇年代(ラテンアメリカ)、一九一八―一九一九年(中欧)、一九四七―一九六〇年代(脱植民地化)、一九九〇―一九九一年(旧ソ連邦の解体)などの独立に向けた反乱は、グローバリゼーションの形態に独自の多大なる影響力をもったトランスナショナルで地域的なクラスターとして、研究が始まったばかりだ。さらにいえば、独立運動は、この高度なグローバリゼーションの時代にも終焉を迎えるどころではない。そして、それは逆説的ながら、より小規模な単位へ移行しているように思われる。東ティモールは、二〇〇二年に正式の独立を達成したが、一万五〇〇〇キロ平方メートル(五八〇〇平方マイル)の領域をもち、二〇〇六年に独立したモンテネグロをわずかに上回る面積で、合衆国ではデラウェア州とロードアイランド州の二つだけを上回るに過ぎない。世界全体の相互連関と相互依存は、政治的な結合の大規模な単位ではなく、より小規模なものへの欲求を促進してきたにすぎない。ナショナリズムとグローバリズムとの結合の多くは、まだまだ発見されなければならないものがあり、因果関係の弓矢は、グローバリゼーションからナショナリズムの方向に飛んでいくとは限らないのである。(42)

文学もまた、グローバリゼーションを文化的枠組みに位置づける可能性を提示している。パスカル・カザノヴァは、「世界文芸共和国」の説明のなかで、「国際化」という言葉を好んで用いている。彼女は、この言葉を「多かれ少なかれ、通常グローバリゼーションという中立的な言葉で定義されるものの対極にある」と定義している。彼女が「グローバリゼーション」という言葉を好まないのは、近代化論と同じように、それが「世界の経済・政治システムが単一の普遍的で応用可能なモデルの一般化として理解されることを暗示しているから」だった。彼女が「世界文学空間」という観念を発展させるのは、ドイツ文学、フランス文学、アメリカ文学、中国文学など、ほとんどの文学者が特定の国民文学への関心を依然としてもっていることに対抗しようとするからなのだ。この世界文学空間には、「独自の法則、独自の歴史、固有の反乱と革命」が存在していると主張する。しかし、それを組織化するのは、パリという中心的存在であった。文学の総本山としてのパリの役割は、最初は一六世紀にイタリア人文主義とローマ教会に対抗するなかで確立していった。何世紀にもわたって、このパリに与えられた特別な役割によって、支配的な社会や集団を離れた文筆家が、国際的な名声を獲得することを可能とした。たとえば、パリで出版することは、アイルランド人作家ジェームズ・ジョイス、ユダヤ系チェコ人作家フランツ・カフカ、アメリカ南部の作家ウィリアム・フォークナーが、みずからが育った支配的な文化から離脱して、同時にグローバルな芸術家としての地位を獲得することを可能とした。すなわち、世界文学空間は、特定の国家の制約から逃れることを可能としたのである。(43)

カザノヴァは、みずからの研究に主な影響を与えたものとして、ブローデルやフランスの社会学者ピエール・ブルデューを引用しているが、経済的・政治的決定要因に対する文学「資本」の相対的自律性を強調している。それは、地政学的展開とは無関係であるわけではないが、決まり切ったやり方で規定されているわけでもない。要するに、カザノヴァによって提示されたアプローチは、グローバリゼーションの過程に関するかなり異なる歴史像を生み出した。それは、文化資本が重要で、ときに逆説的になることもある役割を果たすというものである。パリは一六世紀に文学世界の首都になることはなかった。パリは支配的な世界権力であったからだ。一方でパリは、文学と思想の面での地位を二〇世紀になっても、つまりフランスが第二次世界大戦で敗北して多くの植民地を失ったあとでさえも、保持することになった。経済的支配は、必ずしもほかの面での優越性に翻訳されないのである。(44)

そうした多様なアプローチは、かつては無視されていたグローバリゼーションの重要な側面の多くに光を当ててくれる。しかし、それらは、依然としてひとつの重要な点に到達しえていない。つまり、グローバリゼーションに対する首尾一貫した代替的パラダイムを提供しえていないのだ。ボトムアップな視座を支持するものは、通常は暗黙のうちにではあるが、トップダウンのマクロ経済的なプロセスとしてのグローバリゼーションという、現在のパラダイムの欠点を指摘している。しかし、彼らは依然としてそれに代わるものを提示していない。しかし、前章で論じた文化理論とは異なり、グローバリゼーションにボトムアップな視座を採用する歴史家は、因果関係の問題やいわゆる大きな問題を敬遠しているわけではない。たとえば、なぜある特定の商品が新たな消費者の需要を刺激したのか、ある特定の集団や場所がグローバル化するネットワークを確立するうえできわめて大きな役割を果たしたのはなぜかを、問題としているからである。それは、近代化の過程で、なぜ特定の国民国家が成功して、ほかの国家が失敗したのかということを問題とする代わりに、良質の問題を提起している。つまり、必ずしも国民国家に特定されない世界の多様な地域のさまざまな人びとが、いかにして市場、宗教、政治、文化のグローバル化に貢献することになったのかという問題である。いまやそうした多様なアプローチは実り豊かなものであることを示してきており、ほかの研究者や、あるいは画期的な研究を試みてきた本人さえもが、そうした成果を取捨選択して、グローバリゼーションのプロセスやその変化の様相についての高度の一般化を推し進めることができるようになるであろう(45)。

第三章　社会と自己を再考する

グローバリゼーションは、歴史学における目下の唯一の争点なのではない。歴史叙述における不可欠のカテゴリーの二つである社会と自己が、徹底的なかたちでの刷新を経験しているからである。不幸なことに、社会と自己があらゆる歴史分析にとっての基礎となるカテゴリーであるにしても、歴史家たちはそうした対話をほとんど無視してきた。基礎となるというのは、その二つが世俗的な歴史の叙述を可能としているからである。だが、基礎となるがゆえに、持続的なかたちで検討されてきたというよりは、単に当然視されてきたにすぎない。私たちは、社会と自己がどのようなものであるかを知っていると考えている。だが、正確な定義を与えようとするのには困難がともなうだろう。(1)

「社会」の系譜

近代化論、マルクス主義、アナール学派、アイデンティティの政治という戦後の歴史研究の四つの主要なパラダイムのすべてが、自己とアイデンティティが、社会、すなわち社会的条件によって決定されるとまでは言えないにしても、かたちづくられるものであるということを前提としていた。だが同時に、社会的に条件づけられている点を理解したうえで、個人はみずからの知識に基づいて行動し、社会的世界を改造できるようになるとも仮定していた。近代化論に登場する支配者は経済を発展させ、マルクス主義の労働者は革命を起こし、不利益を被るマイノリティは平等な機会を要求する。しかし、どうやったら社会力学によって完全に条件づけられている諸個人が、そのように自覚的なかたちで行動することができるのだろうか。この人間の主体性に関する古典的な問題が未解決である理由は、自己と社会との関連性が検討されずに放置されてきたことによる。

四大パラダイムのうちのひとつのアナール学派は、この点での例外とされてきた。たしかに、ブローデルは、自覚的におこなわれた変革に対する展望にほとんど注意を払っていなかった。また同じく、ほとんどのアナール学派の歴史家たちも社会的・経済的要因の圧倒的な影響を重視していた。しかし、それに対して、学派の二人の祖たるブロックとフェーヴルは、歴史学にとって心理学のもつ重要性を主張していた。ブロックはみずからの作品を集団心理学と位置づけているし、フェーヴルはさらに進んで、同時代の心理学を歴史研究に組み込むよう歴史家に促していた。ルターやラブレーのような個人への生涯にわたる関心が示すように、フェーヴルは自己というものが変化を説明する方程式に組み入れられねばならないと感じていた。フェーヴルに関しては、本章の終わりの方で、また立ち返ることにしよう。

第一章で考察した文化理論は、社会的条件に与えられていた優位性に異議申し立てをしたが、逆説的な効果をもつことになった。文化の相対的な自律性を論じる一方で、文化研究やポストモダン理論は、文化、言語、言説に対して決定的な力を与え、個人がみずからの知識に基づき行為する力を実質的に消去することで終わっていたからである。フーコーの解釈は、この点において特に問題となる。彼の見解によれば、知が真理や権力を生み出すのではなく、権力が知や真理を生み出すのである。そして、誰もが真理のレジームを逃れることはできない。変化というのは、権力・知・真理のレジームで生起する。だが、それは誰かの意識的な行動によって引き起こされるのではない。フーコーは、しばしば一八世紀末を変容の時代として引き合いに出しているが、なぜその時期に変化が発生したのかを説明していない。ただ発生したというレヴェルにとどまっている(2)。

文化理論によって、社会というものが、言語的・言説的・文化的な枠組みで理解されると、社会は自己を飲み込んでいった。自己に関する文化批評は、自己の困難や不安定性、矛盾を重視する現在流行の西欧哲学に依拠してきた。それは、ドニ・ディドロ、フリードリッヒ・ニーチェ、ジグムント・フロイトなどの多様な思想家によって発展させられ、フーコーとデリダなどのポストモダニストによって新たな高みに引き上げられた。彼らは、自己の存在そのもの、あるいはすくなくともその優越性に疑問を投げかけていたからである。フーコーが主張するには、個人は権力には抗し得ない。というのも、個人は権力の外部に存在する何ものかではなくて、権力の結果であるからだ(3)。

社会と自己の関係性についての新たな認識が登場しつつあるのは、さまざまな力が通常はあまりみられないかたちで結合したことによる。グローバリゼーションによって、空間と時間の経験の変化が社会関係を変え、それにともない自己と他者の概念を変化させる過程に注意が向けられている。非西欧世界の研究は、自己と社会とその関係性に関する西欧的な概念の普遍性に疑念を呈している。神経科学と認知心理学は、自己、思考、行動、社会的相互作用に関わる新たなモデルを提示している。本章は、そうした起源をもつ諸要素を結びつけて、社会と自己について考える方法のオルタナティヴを提案することを目的とする。しかし、そうした理解の妥当性は、かつての諸概念のもっていた力が明確化されたときのみ明らかとなるだろう。社会が論理的な出発点となるのは、社会の概念が一七世紀と一八世紀に新たな妥当性をもつようになり、世俗化の過程と結びあわされていったことによる。

一九八七年にマーガレット・サッチャーは、英国の大衆誌『女性自身《ウーマンズ・オウン》』に、「社会などというものは存在しない」と語っている。彼女の回想録では、この論争的な発言の意図を明らかにしようとして、次のような文言を付け加えている。「個人としての男性と女性が存在し、あとは家族が存在するのみである」。社会というものが知的な思考の産物であるために、サッチャーはこうした言明をすることができたのだ。もちろん、彼女は、少なくとも西欧諸国ではこの特異な思弁的な抽象化が常識の一部を構成している事実を、わざと無視している。サッチャーは、そのときまでの二世紀にわたる論争のなかでの保守的な政治的立場に共鳴して、この発言をおこなっているのだ。その論争は、社会善に対抗して自律的個人の権利を強調する人びとに向けられている。言いかえれば、ジャン・ジャック・ルソーの支持者に対するアダム・スミスの支持者、社会主義の唱道者に対する自由主義の擁護者といったところである。この意味において、社会は「概念的な」負荷を背負った言葉であり、彼女はそれを熟知していたのである。(4)

一七、一八世紀以前の「社会」は、諸個人のあいだの結合、結社、同盟、パートナーシップなどを意味するものであった。聖人は、キリストの神秘的な身体〔すなわち教会〕のなかに社会を見いだした。大貴族は軍事的な同盟を通じて国王に与《くみ》した。もし決闘であなたを支援してくれる友人がいるのなら、それは「仲間」をもっていることになる。一八世紀の啓蒙の時代に社会は、国家や宗教から分離されたものとして本領を発揮するようになった。社会はコミュニティ全体を意味するもので、その一部ではない。要するに、社会は、コモンロー、慣習、制度を中心にしながら国民によって構成される世俗的な組織と見なされるようになった。『オクスフォード英語大辞典』のなかで、制度的なものや機構的なもの、身分や地位を意味するもの、人間社会の構成に関する理論としての「社会的なもの」に言及するすべてが、一七〇〇年代半ば以降に端を発している。同じように、フランス語の辞書には、一七六二年以前には形容詞の「ソシアール(社会的なもの)」の定義は存在しない(5)。

この「社会的なもの」の意味の新しさは、一七六五年、ディドロとジャン・ル・ロン・ダランベールによる有名な『百科全書』によって把握された。「それは、言語に新しく導入されたもので、社会において人間を有益なものとし、人間どうしの交わりに適合的な性質を指示するための言葉である」。ここで重要なのは、人間どうしの交わりを主張していることである。「社会」と「社会的なもの」は、もっぱら宗教的な事象から分離された地上の生活、世俗的な秩序を意味するようになった(6)。「社会」や「社会的なもの」という言葉の意味の変化は、同時代に進行しつつある世俗化を反映しているだけではなかった。世俗化を求める武器ともなっていたのである。別なところでは、『百科全書』は「哲学者」に対する定義を提示しており、一七四三年に最初に刊行されたパンフレットのひとつのフレーズを繰り返し用いている。「市民社会というのは、ある意味では、地上の神である」。これは説得力のある言明であり、間違いなく、元々のパンフレットが匿名で刊行された理由のひとつである。『百科全書』それ自身も、常に当局との間でトラブルを抱え込んでいた。この定義は社会というものが哲学者にとっての地上の神であることを主張するにしても、この文脈で「神」という言葉を用いるのは、当局の怒りを買わざるを得なかった。地上において、この神に最も近いのは国王ではなかったのか。何が神で何が神ではないかを神に代わって解釈するのは、主として聖職者ではなかったのか。どうやったら社会は、神となりうるのか。(7)

このような時間の経過と繰り返される紛争の結果として、社会は意味の根拠や枠組みとして確立していった。人びとは、神の意志によって事物が起こったのだと言うことをやめるか、またそのように語ることが少なくなった。それに代わって、自然や社会的な原因が検討されねばならないと言うようになった。たとえば、不平等はもはや神が与えたもうたもの、伝統的なもの、自然の秩序ではなくなった。それは、ルソーの『人間不平等起源論』のように説明を必要とするものになった。宗教は、究極の参照の枠組みとしての地位から外れていく。社会と社会的なものが、その場所を奪いつつあったのである。

啓蒙の著述家たちは、この立場をさらに発展させたが、唯物論と無神論というさらなる結論へといたることには躊躇しがちであった。哲学者を定義する『百科全書』の項目には、より率直なかたちで、次のような記述が続いている。「[哲学者は]みずからの廉潔さを示すことでそれ[市民社会]に香を焚き、敬う。つまり、市民社会の義務に留意し、社会の役に立たず重荷となる成員とならないように願うのである」。啓蒙の信奉者は、あらゆる現状批判をおこなったにもかかわらず、不道徳な無神論者や唯物論者ではなく、名誉ある廉潔の士として見なされることをのぞんだ。啓蒙にとって社会は地上の神であり、しかし、それへの熱狂は道徳的堕落へとつながるわけではなかった。「したがって、哲学者は尊敬されるべき人間であり、常に理性をもって行動し、思慮深く正しき知性を社交的な生活様式や友好的な性格に結びつけるのである(8)」。

意味の枠組みとして社会が宗教に取って代わっていった影響は、二〇世紀初頭になってあらわれることになった。デュルケームが、宗教それ自体を社会的な用語で分析したのである。『宗教生活の原初形態』(一九一二年)のなかで、社会学の創始者デュルケームは、「神と社会は、ひとつのものにすぎない」と宣言した。社会が神を創出している(その逆ではない)。なぜなら、「社会は、それが人びとの精神にもたらす作用だけからしても、神的なるものの感覚を呼び覚ますために必要なものすべてを備えている」からである。フランス革命は、デュルケームにとって「みずから神をもって任じ、あるいは神々を創造するという社会のこの傾向」のとりわけ興味深い事例を提供した。理性と最高存在への崇拝は、フランス革命においては短命であったけれども、この例外状態の存在が一般的な規則の存在を示すことになった。すべての宗教は、その内的論理を表出する社会にすぎなかったのである(9)。

一八世紀の思想家ならば、デュルケームのいう神の社会への同化を容認することはなかったであろう(ましてや、多くの人びとはそうであった)。社会を人間のニーズや欲求のなかに基礎づけることは、かならずしも超自然的なものを不要とするわけではない。ルソーは、ほかの多くのものたちと同じように、宗教の必要性を説くことになる。ルソーは、『エミール』(一七六二年)の「サヴォワ助任司祭の信仰告白」で、一種のキリスト教化された理神論への反論を展開していく。しかし、ルソーの宗教に関する議論の場合でさえ、社会的なものが徐々に意味の基盤として確立していくことになる。宗教は、ますます社会的有用性の観点から正当化されるようになったのだ。したがって、デュルケームにならって、意味を社会的なものに還元する力を認めるような極論にいたる必要はない。

西欧における世俗化は、社会契約であろうとも、ほかの手段であろうとも、社会みずからが社会を構成するという考え方と手を携えて進んでいった。したがって、意味は社会関係に内在し、社会的紐帯それ自体によって創出されるのであって、超自然的で超越論的な起源から生み出されるのではない。しかし、世俗化は必ずしも宗教の抹殺をともなうものではなく、むしろ世俗化は宗教との棲み分けを引き起こすことになった。世俗化した社会では、宗教は私的領域、つまり個人や家族の選択の領域へと退却していった。信仰者は、宗教の真理は絶対であると考えたかもしれないが、世俗化された社会では、少なくとも原理的には、他者に同じ信仰をもつことを強制するものではなかった[10]。

社会というのは、抽象的な思考の産物であるだけではない。共有されたルールや制約条件、参加の可能性などから構成される生きられた経験でもある。この意味での社会は常に存在してきたが、意識的な検証や概念化の対象としての社会は、一八世紀以降に生まれたものである。たとえば、「社会科学」という言葉は、革命が始まる一七八九年のフランスで初めて登場することになった。一方での個人や家族と他方での国家とのあいだに新たな空間が創出されるにつれて、社会はより可視化されていった。そうした空間は、多くの場合、「市民社会」と呼ばれることになる[11]。

一七世紀末から一八世紀に登場した新種の自発的結社は、市民社会をより構造的で卓越した存在としていった。中東のユダヤ人実業家がオクスフォードに最初のコーヒーハウスを創設して以来、それは増加をつづけた。ロンドンだけとってみても、一六六三年までに八二軒のコーヒーハウスが存在しており、一七〇〇年までには五〇〇軒をくだらなかった。それらの多くは、異国情緒なもの(コーヒーは中東起源であった)を連想させることになり、「トルコ」「黒人」「サラセン」「スルタン」「スミルナ」「アフリカ」などを店名につけていた。コーヒーハウスが西から東へとヨーロッパを横断して普及するにつれて、新たな社会形態が突如として登場することになった。日刊紙、定期刊行物、フリーメースン、サロン、音楽コンサート、美術展、また、地方の学習組織、討論クラブ、読書会、そして決定的なものとして政治クラブである。それらは数を増大させ、人びとにやりがいを与え、家族や教区を越えて知の地平線を拡大していった(12)。

社会的な空間が密になるにつれて、人びとはそれについて論評したり叙述したりするようになる。啓蒙思想家たちは、社会に関する思考の体系化を開始した。たとえば、スコットランドの道徳哲学者であるアダム・ファーガスンやジョン・ミラーなどは、市民社会の発展の歴史を叙述して、市民社会の勃興を、野蛮から「近代ヨーロッパ諸国民」によって具体化される文明へといたる人類の進化と結びつけた。「市民社会」は、論争的なものではあったが、大成功を収めることになった。それは、西欧近代の指標となり、民主的政府の必然的な前提条件となり、一九八〇年代以降には、抑圧的な国家に対抗するために組織化された集団の名称ともなった(13)。

一九世紀になって西欧諸国に工業化と都市化が発生すると、「市民社会」はより限定的となることを求められた。もはや政治とは、支配者に対して市民社会をもって対抗させるのではなく、むしろ国民代表制によって正当化された政府の支配をめぐって市民社会内部で相互に対立しあうものになる。

したがって、一九世紀には社会的区分のひとつのカテゴリーとして「階級」が登場することになった。「社会問題」、すなわち社会的亀裂の拡大への懸念は、小説家(バルザックは、この言葉を一八四六年に用いている)や改革派の関心をしめるようになっていった。かくして、社会科学が独自の学問分野としてかたちを整え始める。

英国のマルクス主義者で文化評論家であるレイモンド・ウィリアムズによれば、一八世紀末になってようやく「社会的な意味での近代的な階級構造」が構築され始めた。「上流階級」「中産階級」「中間層」などが、一七九〇年代に英語の単語として最初に登場する。「労働者階級」は、一八一五年に登場した。「階級意識」にいたっては、ずっと後のことであった。社会科学に関しては、たとえば、「社会学」は、英語では一八四二年に最初に登場したが、それは一八三〇年の『実証哲学講義』のなかで繰り返し用いたオーギュスト・コントの作品に言及するなかでのことだった。「社会主義」は、一八三〇年代半ばのことだった。一九世紀末になって、大学の学部としての社会学部が、最初に合衆国で、ついでフランスとドイツに登場し始める。要するに、社会や社会的なものについての用語法や経験は、長期的な差異化の過程を通じて進展したのである。(14)

こうして社会がますます可視化されていくことについての包括的な歴史は、数段落程度の紙幅ではとうてい叙述することはできない。重要なのは、そのような歴史が語られうるということだ。意味の基礎に社会的なものがあるという考え方は、ひとつの歴史をもっている。したがって、それは、普遍的なものではなく、超時間的な真理でもない。それは、実際のところ、西欧に特有の真理であり、一七世紀末からつづく自然科学と代表制民主主義の勃興と結びついていた。アイザック・ニュートンと彼の先駆者の発見は、一八世紀の啓蒙思想家に、科学が社会と社会関係に応用できるという自信を与えることになった。一八世紀を通じて、西ヨーロッパや英領北アメリカ植民地の教養ある人びとは、政府は市民社会を代表すべきであると考えるようになっていった。

マルクス、ヴェーバー、デュルケーム、フロイト、フーコーなどの一九世紀や二〇世紀の社会理論家の永続的な影響力は、この概念の力を証明した。かれらは社会的なものの作用の仕方については、意見の一致を見なかった。のちの理論家は、先行研究を批判することによってみずからの立場を打ち立てようとしたからだ。マルクスにとって、鍵となるのは生産様式の変化にあった。ヴェーバーにとっては、身分への関心にあった。デュルケームにとっては、社会的役割の機能分化にあった。フロイトにとっては、社会は個人の心理的抑圧を通じて作用した。一方、フーコーの見解においては、言説レジームが社会的な世界を構築することになる。そうした根本的な差異があるにもかかわらず、彼らはなべて社会的なものが意味の基盤を構築すると考えていた(15)。

こうした社会の概念化は、人間の行動を理解するうえでの力を失ってはいない。実験室、大学の学部、研究所、査読ジャーナルなどを備えた自然科学が世界中で模倣されたように、西欧で発達した人文科学や社会科学は、世界の学知をめぐる文化に大いなる影響を与えた。デリー大学の学位修得課程の日程表や上海大学の学部のリストは、オクスフォード大学やピサ大学のそれときわめて似通ったものがある。同質性は、多分にグローバリゼーションを進めるうえで役に立つ。だが、それはグローバリゼーションの影響力を確固とするだけではない。大学が類似性だけではなく差異をもつのは、資本主義の型が大学にもそうなることを要請しているからだ。ある国には大学が登場し、また大学のない国があることによって、資本の脱領域化の作用を適切な、あるいはそれ以上のものにしてきた。インド人、中国人などの諸国民は、一九世紀に西洋諸国家によって確立された西欧の知の文化が、技術的・軍事的・経済的な優越性と結びついていると見なした。さらにいえば、知の文化は経済的な影響力をもちうるものだった。世界銀行は、今日の世界において「知識は成長の主要な原動力である」と主張している。しかし、今日の「知識経済」は、経済的であると同時に文化的なものとなる。(16)

「社会」の動揺

私たちの時代に社会的なものが継続的に解釈学的な力を発揮しているからといって、それが常にそうであったわけではなく、すべてのものにとってそうであるわけでもなく、これからもそうあり続ける保証はない。この事実に目を閉ざしてしまってはいけない。ここには、グローバリゼーションの問題が関与してくる。グローバリゼーションは、その性質と時期について論争の余地が依然としてあるとはいえ、空間と時間、そして社会についての最も基本的な前提に異議申し立てをするという有益な効果をもたらした。社会の機能は、空間と時間の統制に関わっている。ルイ一四世の宮廷行事で誰が王の隣に坐るかをめぐって念入りに定められた規則を考察するのであれ、現代のイエメンの港湾労働者の生活の空間的・時間的配置を考察するのであれ、時間のリズムや空間の格子があらゆる社会的秩序の構築にあたっての重要な要素であることは、明白である。グローバリゼーションが時間と空間の経験を変えていくにつれて、社会関係の経験とそれにともなう社会の概念そのものにも影響を与えていく。『国際社会科学事典』の一九六八年版のように、もし社会が「内的な組織、領域性、文化的特質、男女の参画によって特徴づけられる、相対的に独立した自己充足的な人びと」と定義されるならば、グローバリゼーションは社会を消去してしまうか、少なくともその機能について新たな理解の必要性があることを示すものとなる(17)。

社会関係と社会状態についての枠組みとなる社会は、通常、国民国家と同一視されてきた。社会科学者は、フランス社会、ブラジル社会、ヴェトナム社会というかたちで語ってきた。彼らは、ひとつの国家内部での集団間や階級間の紛争、賃金格差、平均寿命の差異などを研究してきたのだ。もし権力闘争を研究しようとするならば、権力は地域・地方や全国的な制度を基盤にすることを前提とするだろう。しかし、グローバリゼーションにともない、社会はかつてのように国民国家の境界の内部に居心地良くとどまるものではなくなっている。たとえば、合衆国における賃金格差は、国内の社会紛争とならんで国際的な賃金格差にも関連している。メキシコの権力は、メキシコの有権者にのみ関連しているのではない。それは、薬物、武器、人の国境を越えた移動によってかたちづくられる。そのときに問題となるのは、国際的な人、モノ、情報の循環とネットワークである。要するに、もはや社会は国民国家と同一視することができない。社会関係が国民国家の内部にもはや収まりきるものではなくなっているのだ(18)。

ひとつのカテゴリーとしての社会について提起されている諸問題は、サッチャーが望んだようなかたちで社会の重要性を減じることはなかった。しかし、それらは、社会という概念の不安定性が増していることを示してはいる。社会の境界がどこにあるかについては論争の種となっているが、そこでは社会の境界が国民国家の境界と一致しているかどうかだけが問題なのではない。問題となっているのは、人間社会と自然界のあいだの境界線、また動物であろうとも無生物であろうとも、人間と非人間との境界なのである。一七世紀から一八世紀にかけての社会は、宗教的要請から、また神によって正当化された絶対的な権威を主張する支配者から、自律的な空間として概念化されていた。社会は、完全に違ったかたちでの正当性を意味していたのだ。つまり、超越論的な力や超自然的な力ではなく、人間やその漸進的な制度の内在的な性質と結びついている。その結果として、一八世紀から二〇世紀までの社会をめぐる議論の多くは、人間の性質をめぐる論争の形態を取ることになり、したがって、社会の組織化のなかで発生している変化をめぐっての論争の形態を取った。現在では、そうした議論は異なる形態を取りつつあり、とりわけ人間はより長期的な時間の枠組みのなかで眺められ、世界の支配者というよりは、より大きな世界のなかでの行為者としてみられるようになっている。

記述された歴史の閾を超えて、何百万年前にまで遡り、進化に関する長期的歴史《ディープ・ヒストリー》から見ると、人間の本質そのものが異なるかたちで見えてくる。進化生物学者や人類学者は今日この長期的な視点の重要性について議論しているが、すくなくとも歴史家は、アフリカにおける人類の共通の祖先だけではなく、動物と人類との親類関係を思い起こすことになろう。

生物学と文化との互酬的な関係に関心を払うならば、それらを全く別個の論理に従うものとみるよりも、私たちの社会への見方は鋭敏になるだろう。歴史家のダニエル・スメイルは、「新しい神経史学 new neurohistory」なるものを論じてきたが、それは、生物学的アプローチと文化論的アプローチとを融合させ、人類の長期的歴史を考慮し、その結果として、歴史家の慣れ親しんだ前提条件に再考を促すことになった。彼が示唆するのは、長期の深い視座をとることによって、ブラック・アフリカに対する長期にわたる偏見から自由になれるということにある。その偏見とは、文明というものは白人の居住した中東から勃興したのだという叙述と対になったものである。スメイルは、歴史家が進化論的解釈にもっと注意を払うことをのぞんだ。しかし、彼はまた、どうすれば文化や歴史がそうした解釈を修正できるかを考慮するよう求めている。ダーウィンは、社会的本能とは、自然淘汰の過程を通じて発達した人類と動物の両方における進化論的痕跡だと主張した。しかし、私たちの時代に近接した数世紀のあいだにも、どのように社会的なものへの本能が変化してきたのかを問題にすることもできよう。たとえば、刺激に対する怒りや恐れといった肉体的な反応は、脳に組み込まれている。しかし、どのような刺激がそれらの引き金となるかは、文化的にも歴史的にも異なってくる[19]。

人間を動物から区別しようとする人間の営為の歴史を考察すれば、私たちの社会への見方は、いっそう良質なものとなるであろう。そうした区別は、時代や地理的空間によってどのように異なるのであろうか。歴史家のハリエット・リトヴォは、英国人の動物観についての画期的な研究のなかで、興味深い事例でもって叙述を始めている。一六七九年にひとりの女性がロンドンで獣姦をおこなったとして、相手となった犬とともに絞首刑となった。一九〇六年にアメリカの言語学者で歴史家のエドワード・ペイソン・エヴァンズは、西洋の歴史において、あらゆる種類の昆虫や動物に対してなされた刑事訴追や死刑判決に関する尨大な犯罪史の著作を刊行した。とりわけ、一五、一六世紀に集中して登場する判例では、子どもを殺害した多数の豚に関する刑の執行が記録されている。穀物に害を与えたネズミや畑を荒らした害虫などを弁護するために法律家が任命された。そこでは、動物や昆虫の権利を擁護するあまたの議論を聞くことができる。創世記によれば、それらは、人間が登場する以前から存在する神の創造物であり、弁護士によれば、もし神がそれらに「産めよ、増やせよ」と命じたのならば、人間の穀物や葡萄のなかに巣食っているときは、正当な権利を行使しているにすぎないことになろう。[20]

エヴァンズは、そのような法的手続きの終焉を、「非合理的な神の創造物を罰するという子どもじみた傾向」への勝利として賞賛している。しかし、リトヴォが主張するには、そのような慣行の終焉には、もうひとつの、よりやっかいな意味があるという。つまり動物は、人間の所有する財産となり、そして完全に人間に従属することになった。動物は愛玩の対象となり、一九世紀になると虐待からの保護のための結社が設立されたが、もはや動物はみずからの主体性を発揮することはなかった。動物が人間社会の構築に参加するという意味は、消え失せたのである。[21]

動物を人間の利用対象と見なすこうした近代的な態度には、疑念が呈されつつある。大型類人猿の権利に関心をもつ人びとの結社である「大型類人猿プロジェクト the Great Ape Project」によって起草された「世界類人猿宣言」は、人類、チンパンジー、ボノボ、ゴリラ、オランウータンなどすべてが、個人の自由の保護、拷問の禁止などの生きる権利を享受すべきことを明記している。動物と人間のゲノムに関する研究によれば、人間は九九%のDNAをチンパンジーやボノボと共有していることが証明された。この研究は、人間の独自性を立証するという動機で始められたのだが、しばしば差異と同様に遺伝子上の類似性を強調して終わることになったのは特筆に値する。[22]

人間だけが権利をもつ唯一の主体でないのと同様に、社会なるものも人間によってのみ構築されたわけではない。人間は犬を飼いならしたのか、あるいは犬が人間を飼いならしたというべきであろうか。シベリアの考古学的研究によれば、新石器時代（紀元前五〇〇〇年頃）の狩猟採集者は、犬を墓地に埋葬し、犬と食料を共有し、犬と仕事を分かち合っていたことが明らかになっている。犬は宇宙観においても重要な役割を果たしていた。いずれにせよ、そうした人びとは、少なくとも犬のなかにも人間と同じような敬意を受けるに値するものがいると考えていたことは明らかである。(23)

動物に関する問題は、環境史によって提起されている論点と密接に関連している。自然環境は人間の行為の基盤となるだけではない。それはまた、人間が暮らしていくうえで密接不可分のものとなる。私たちは環境を改変し、それを基盤とするが、環境になにがしかを「負っている」こと、つまり環境と社会関係を保持していることも明らかとなってきた。自然環境は、受動的なもの、つまり意味を与えられるために人間の介入を待っているだけの混沌とした事物ではないのである。ドイツの歴史家のドロシー・ブランツが記しているように、環境史家は、自然が文化的に構築されたという点を早くに認めていた。しかし、環境史家は、「逆のこと、つまり自然が文化と社会生活の構築に影響を与えていると考えるのには、非常に躊躇していたようである」。ブランツは、空間、場所、風景、環境などの概念にもっと密に向き合うよう促した。たとえば、純粋に人間の構築物とされる都市でさえ、完全に自然のプロセスと結びついている。都市は居住を可能にする水、空気、緑地を必要とする。彼女は、空間を、自然と文化の概念的結合を提供するものと見なしており、それらは物理的であると同時に社会文化的であるからだ。空間はまた、文化理論が強調する言説を乗り越えていく機会を提供してくれる。文化理論が空間についての言説に注意を払う一方で、環境史は空間の実際の利用、つまり人間と自然の相互作用や、自然が反応する方法などについて分析している(24)。

　私たちが自然界の力を無視すると、身に危険が降りかかってくる。二〇〇五年八月にハリケーン・カトリーナがニューオリンズの街を襲ったとき、嵐は人工の堤防を決壊させ、都市の八〇%が浸水した。この出来事は世論に衝撃を与えたが、その理由は、厖大な人命の損失ということではなく(約一五〇〇人という死傷者は、たとえば、中国やイランの大地震の死傷者よりかなり少ない)、人間が都市を制御できなかったことにある。周辺湿地帯の浸食を妨げなかったことが、自然災害の影響を悪化させたのであろうか。一世紀にわたって堤防建設の任にあった米国陸軍工兵司令部は、不十分なデータや時代遅れの技術を用いていたのだろうか。人間は、ときに考えられていたほど完全には、自然を制御してはいなかったのである。

　気候変動は、カトリーナの猛威に責任があるかどうかはわからないが、そのような問題を明確なかたちで浮かびあがらせることになった。ディペーシュ・チャクラバルティが論じるところでは、気候変動は、過去・現在・未来の連続性を断ち切る可能性をもつことから、歴史の存立基盤そのものを危機に陥れる。気候変動は、自然史と人類史との長年にわたる分離状態を意味のないものとする。気候変動はまた、自然史と人類史を再結合させることにおいて先鞭を付けてきた環境史家の中核にある諸前提を掘り崩すことになる。とりわけ気候変動は、人間が突出した生物学的主体であるという前提に異議申し立てをしている。たとえば、人間の保有する病原菌が人間自身に強力な影響を与えることもある。新世界において病原菌がそうであったように、ひとたび交換されると、多数の人口が一掃されるのだ。人間はまた、地球環境を破壊する可能性がある地質学的主体としても見なされねばならない。

チャクラバルティは、スメイルによって提起された長期的歴史の視点の力を借りて、脅威を認識可能なものにしようとした。人間は種として考え、かつ行動しなければならない。しかし、種としての体験をすることとは、実質的に不可能である。気候変動がもたらす潜在的な破局の可能性は、種としての自己同一化をもたらすのであろうか。私たちの社会的なものの観念や経験に対する影響は、どのようなものとなるのだろうか。少なくとも、人間と自然との境界は、かつて考えられていたよりもずっと浸透性をもつということを認識しなければならない(25)。

人間とモノとの境界もまた、問題視されるようになっている。コンピュータとマイクロチップが、この境界線をとりわけ不安定なものにしている。コンピュータは、人間のごとく考えるように教えられており、一方で人間の心は、ますます情報処理装置のごとく考えられるようになった。マイクロチップは、すでに動物や人間に移植されて、情報を蓄積するようになっている。さまざまな人工的な装置が人体に埋め込まれて、身体的部位を代替できるようになり、いつの日か歩行などを可能にするマイクロチップができるという展望も示されている。そうした発展が人間の主体性の痕跡を消してしまうと論じる評論家の言をまたなくとも、そのような移植というものが、個人や人間のアイデンティティの性質についての問題を惹起することは明らかである(26)。

人間と人間が作るモノとの関係性は、常に意識化されない効果をもった。一五、一六世紀に公共の場に登場して、一八世紀に家庭で置き時計と腕時計が用いられるようになる時計の普及過程は、社会生活そのものの経験のなかで緩慢とした革命を生み出していった。時間は出来事で満たされるようになり、体系的な計算は日常生活の一部となり、数字と計算能力は不可欠のものとなった。時間に関する新たな常識が登場したのである。時間の正確さは増し、社会的凝集性と手に手を取り合いながら進んでいった。時計は、もともと製造者によっては想定されていなかったような新たな形態での認知を促していった。要するに、時計は人間の本質を変革していったのだ。モノは、それをつくり出した人間によって操作されるだけではない。製造主に対しても独自の影響力をもつことになる[27]。

社会的なものの境界線が論争の対象であるとするならば、社会的解釈の限界が問題化されることになっても、驚くべきではなかろう。社会的なものが意味の基盤にあるという認識が登場してきたのは、近代のことであって、それも最初は西欧でのことであった。とすれば、この前提を共有していない過去の時代やほかの地域に生きた人びとを取り扱うことができるのであろうか。彼らのことを伝統的で、後進的で、原始的であるとして切り捨てることはできない。宗教は、この点で最大のジレンマを提起する。なぜならば、西欧では社会や社会的解釈の自律性は、宗教権力である教会や王権と祭壇との結合との対立から発生してきたからだった。さらにいえば、カテゴリーとしての「宗教」自体が、同じ対立から発生したものなのである。一九八三年のアメリカ宗教学会の会長演説で、ウィルフレッド・キャントウェル・スミスは、「「宗教」というのは世俗主義者の概念、つまり特定の世界観のなかでの概念的な要素であり」、さらに「宗教」という言い方は「それが意味を与えようとしてきたものを歪めるものだ」と論じて影響力をもった。なぜなら、世俗主義者の概念は、宗教というものを付随的な、社会的アイデンティティのなかの単なる別な要素と仮定しているからである。スミスは、意味の枠組みが比較できないとして、宗教を社会的要因に還元するのに反対する。彼はそれだけでは満足せずに、「近代の世俗主義は知的な誤謬である」とまで結論づける。それは、「超越論的なもの」を再評価することによって、できるだけ早く覆されねばならない誤謬だとしている。それにもかかわらず、宗教とは西欧的なカテゴリーだというこの洞察を、スミスによって提起された解決法から切り離すことは可能である(28)。

チャクラバルティのようなポストコロニアルの研究者は、まさにそのことを実践してきている。チャクラバルティは、宗教的な主張と「理解可能な(つまり世俗的な)原因」とのあいだのある種の翻訳が「必要であり不可避である」とする。しかし、彼はまた、翻訳の行為、あるいはここで私が社会的解釈というものに力点をおこうとした。彼の立てる問いは、次のようなものだ。「多様で魔術化された世界を普遍的で脱魔術化された社会学の言語へと翻訳し、あらゆる問題を可視化するような翻訳の行為を、私たちはどうやって遂行するのであろうか」。私たちは、意味の枠組みの比較不可能性を乗り越えることはできない。それどころか、この比較不可能性を心にとどめておかねばならない。そして、宗教が引き続きもっている力を活用しつつも、必然的に社会的解釈のもつ限界を認識すべきなのだ。そうした問題の難しさは、宗教史に関心をもつ歴史家の数を減らすにはいたっていない。アメリカ歴史学協会によれば、宗教は二〇〇九年の歴史家の関心テーマの最大のカテゴリーとして文化史に次ぐものとなっている。しかし、多くの点でふたつの領域〔宗教史と文化史〕は分離することはできないのである(29)。

こうして社会や社会的解釈の境界には、さまざまなかたちで疑義が呈されている。したがって、社会に関する新たな思考のパッケージが、ひとつのきれいなかたちで出来ているわけではない。社会に関するあらゆる前提に疑念が呈され、時間や空間の表象でさえ問題視されるようになった。近代的な歴史学の学問領域は、空間と時間の独特な表象と関連している。歴史家によって用いられる地図は、すべての空間が特権化された視点をもたずに可視化される鳥瞰図(あるいは神眼)のように、西欧的形式の視覚的抽象化に依拠している。歴史における西欧の共通の時代区分は、先史時代、古代、中世、近代に時間をカテゴリー化する。そうした形態を別の文化に適用できるかどうかは論争の余地がある。それらが刻印することになる隠された限界や歪曲が、現代の歴史叙述に対してなされるかもしれないからだ。要するに、社会の概念は根底から再構築しなければならないのである。(30)

「自己」の系譜

社会の意味と境界が問題となるのであれば、自己についてはどうなるのであろうか。というのも、自己は何十年にもわたって、社会との対抗関係では弱者として描かれてきたからである。ただし自己は、必ずしも社会的条件によって自動的につくりだされる副産物と考えられてきたわけではない。というのも、個人の自律の理念と実践は、一八世紀に社会と新たな社会的実践の観念とあいまって登場してきたからである。アダム・スミスとルソーは、それぞれ独自の方法で社会と自己の緊張関係に関心を抱いてきたが、〔社会と自己の〕ふたつの極の同時的な登場がなければ、二人は議論を展開することはできなかったであろう。

社会、個人としての自己、そして世俗化は、一八世紀には密接に結びついていた。社会は自律的な空間で、正当性の超越論的な根拠を主張する専制的な支配者の要請から自由な空間だった。概念や実践の体系としての社会の登場は、正当性の超越論的な基盤への異議申し立てを意味していた。それは、国王の神聖なる権利とも、父なる神と王権の権威との間の聖書学的な結合とも、関係がなかったのである。言いかえれば、社会への関心の増大は、権力の超自然的な根拠を掘り崩すことによって世俗化を加速させた。社会は、みずからを権威づけていった。社会は、必ずしも常に最大の成功を収めていたわけではなかったが、自律的であった。

一八世紀を通じて、社会は、家族、貴族や聖職者などの身分集団、専門職や職人などの同職組合からだけではなく、個人によって構成されるものと見なされるようになった。その結果、政府は、身分集団ではなくて、とりわけ財産保有者である諸個人を代表するものとして見なされるようになる。たとえば、一七八九年のフランス革命における最初の問題は、三部会の投票が身分別(貴族、聖職者、第三身分)でなされるか、(個人の代表である)「頭数」でなされるかであった。頭数ごとの投票方式が勝利して、国民は諸々の特権的な身分集団ではなくて、個々の市民から構成されるものとなった。要するに、専制的統治からの社会の自律だけでは、十分ではなかったのだ。諸個人が家族や共同体などの圧力からできるだけ自律的であるべきとされた。

一八世紀の諸革命のなかでの自然権や「人間の権利」といった言語の登場は、個人の自律の重視や統治の基盤の世俗化によって可能となった。諸権利は人間に内在しているとみなされ、支配の正当性はそれらを保護するか否かによって判断された。一九世紀末までにデュルケームは、人権がますます世俗化した社会の市民宗教となりつつあると論じることができた。しかし、社会のニーズと個人の権利のあいだの相互関係は、常に問題となった。それは今日でも問題なのである(31)。

人権が(長い話を要約すると)二〇世紀において政治的・文化的・道徳的な原理として突出していくにつれて、逆説的なことながら、多くの思考の領域において、社会的なものが個人としての自己を凌駕し始めた。現実的ならびに哲学的な理由が、自己の消去に寄与することになった。たとえば、フェミニズムと人種問題の理論家は、個人の行動様式とアイデンティティは、社会的・文化的な要因によってかたちづくられているという確信をもっている。なぜならば、ジェンダーと人種による差別について生物学的な(自然な、いわゆる本質主義的な)説明に反論したかったからである。女性が男性に従属しているのは、本質からではなく、教育の欠如や機会の不平等、同一労働に対する不平等の賃金に原因をもっている。要するに、社会的・文化的な秩序によって創出された偏見のためなのである。同じように、白人は優越的な人種の特質から黒人に対して権力をもっているわけではない。政治的ならびに文化的な権力をもっているために、白人は人種主義を擁護することであらかじめ支配が運命づけられているると宣言したのである。ジェンダーと人種が言説によって創出されたカテゴリーであるならば(つまり、社会的に構築されたものであるならば)、それらは歴史的なものであり変化を余儀なくされる。しかし、同時に、個々人のアイデンティティや行動は、社会的・文化的な決定要因というプールのなかに包み隠されることになる。個人は、社会統制に抗しがたいように思われる[32]。

一八世紀に社会と手を携えて登場した自律的な自己は、いまや完全な権威の失墜の危機に瀕している。ジョーン・スコットの立場は、ひとつの代表例としてとり上げることができよう。というのも、その立場は広範な影響力をもち、揺るぎない言葉で主張されてきたからである。「言説を通じて主体が位置づけられ、経験が創出される歴史的プロセスに、私たちは着目する必要がある。それは、経験をもつ個人ではなく、経験を通じて構成される主体なのである」。フーコーと同様、社会的なものがかたちづくられるうえで自己の内面に起源をもつものは、何もないとみなされた。さらにスコットはこう主張する。みずからの仕事を、個人としての自己という検証されざる経験に基づく主張に基礎づけようとする歴史家、社会科学者、文芸評論家は、社会構築主義のもつ影響を取り除くどころか、促進してしまっているのだと。それらは、支配的イデオロギーを不用意にも再生産してしまっている。彼女が論じるには、唯一可能な結論は、「主体は言説を通じて構成され、経験は言語的な出来事だ」という(33)。

スコットは、少なくとも主体性や内面性の問題を深刻に受け止めてはいた。それは、自己を構成するものに、ほとんど、いや全く関心を払っていなかった同時代の歴史家とは異なっている。しかし、自己について語ることへの歴史家のこうしたアレルギーは、実際のところ相対的にみれば近年の展開である。社会理論や社会史の創始者たちは、社会と心理の関連性に関心をもっていた。デュルケームやヴェーバー、アナール学派の創始者であるリュシアン・フェーヴルのような社会史家は、社会分析は社会的ならびに心理学的な次元の双方を必要としていると考えていた。一九四〇年頃、フェーヴルとドイツの社会学者ノルベルト・エリアスは、社会心理的な歴史分析に影響力をもつ、かなり異なるモデルを提示することになった。

一九三〇年代に亡命生活のなかで著述をおこなっていたエリアスは、フロイトの知見と社会学や歴史学の視座とを結びつける最初の継続的な努力をおこなった。エリアスは、『文明化の過程』(一九三九年)で礼儀作法の歴史を研究した。だが、それは自己には歴史があることを示すためのものであった。

エリアスが主張するところでは、自己を含みこんだ個人、つまり他者と区別する目に見えない壁をともなう自己という観念は、一四世紀を起点として徐々に発展してきた。時代がくだり、恥という敷居が低下するにつれて、自己抑制が増大していった。手で鼻をかむ、ボウルから手づかみで食事をする、見知らぬ人とベッドで眠るといったことは、嫌悪感を抱く、少なくとも不快なものとなった。感情の暴発や攻撃的な姿勢は、社会的には許容できないものとなった。そうした礼儀作法の変化は、自己という閉ざされた個人の誕生の徴候となった。なぜなら個人の境界は、社会的相互作用のなかで尊重されねばならなかったからである。エリアスは、一九六八年に加えられた新たな序文のなかで、彼が示そうとしたのが、個人の感情への統制と、社会構造における差異化・統合化の進展(近代化)との結合関係であったことを確認している[34]。

エリアスの進化論的な語りは、中世を起点として捉え、その時代を情動的表現の萌芽期として描く。当時の民衆は、感情というものをより直接的かつ暴力的に発散した。したがって、行為をめぐる理解において心理的なニュアンスや複雑さをあまりもってはいなかったのである。強烈な信仰心、暴力的な罪の意識、享楽の突然の暴発、誇らしげな好戦性、残忍さへの嗜好性などが、エリアスが子どもじみたと呼ぶ表現と行為形態と手を携えて進展した。エリアスの中世に対する軽蔑的な叙述は、進化論的な歴史心理学の否定的側面を明らかにしてくれる。つまり、個人とより広い文化的・社会的な発展の間にある平行関係を精緻化する試みは、胚胎期、幼児期、未成熟の時期として初期の時代を分類するよう研究者に促していった。このことは、依然として心理分析や心理学的知見を歴史化するときの、もっとも切実な問題のひとつとなっている[35]。

社会心理的な歴史学にとってのもうひとつの重要なモデルとなるものは、必ずしも反精神分析学的なものではなかった。一九四一年にフェーヴルは、感性、つまり、情動とその表現、ないしはいわゆる「感情生活」の研究を唱導していた。フェーヴルが主張するところでは、情動には個人の心理学的な側面と社会学的な側面とがあり、歴史家たちは心理学者の執筆したものを丹念に読むことによって学ぶことができるとされていた。フェーヴルは情動を社会生活にとって根本的なものであると考えていたために、仲間の歴史家たちに、愛情、死、喜び、野性の歴史を研究するように助言していた。しかし彼はまた、情動をかなり問題のあるものとも考えていた。なぜなら、発作的な群衆行動へ向かう潜在的な可能性を秘めていたからで、それは同時代のファシズムの台頭において明らかであった。エリアスよりは精緻さの点では欠けるところがあるが、フェーヴルはエリアスと同じく、「多かれ少なかれ、知的活動を通じた情動的活動のゆっくりとした抑圧」という進化論や「長期的ドラマ」を展開した。フェーヴルは、児童心理学者のアンリ・ワロンに影響を受けていた。ワロンは、幼児期の発達が、情動性と思考との間の対立の一連の諸段階を通じて生じると論じた。しかし、ワロンは、個人の発達が完全に直線的なものとは考えていなかった。いずれにしても、彼が(人間どうしで共有される)間主観性の基礎として情動を強調したことは、認知の作用に関する現代の研究の重要な構成要素を予示していたのである(36)。

エリアスやフェーヴルによって先鞭を付けられた異議申し立てを先に進めようとする歴史家は、ほとんどいなかった。アナール学派は「心性史」の社会的な側面に焦点を当てたが、特定の心理学理論やアプローチを用いることはなく、ほとんどが意識や集合的な信仰や心性の研究に限定されたままであった。たとえば、フランスの歴史家は死の歴史を研究したが、個人の感情というよりは埋葬儀礼や墓地を考察していた。同じように、フランスの歴史家のなかには一七世紀の礼儀作法や宮廷社会の研究でのエリアスの指導にならうものもいた。しかし、彼の分析の社会的な側面にのみ関心を寄せたにすぎない。アルフォンソ・デュプロンは、フランスにおける歴史心理学の牽引者の一人であるが、エリアスのアプローチを思想の社会史にかなり類似したものとして特徴づけている(37)。

他方で、少数の自称「精神分析史家」は、みずからの研究で明確な心理学的ないしは精神分析学的モデルを採用しようとしたが、それにともなってエリアスやフェーヴルの社会的側面をすべて無視した。たいていは、心理史家たちがフロイト主義の不必要に超歴史的な解釈にみずからの命運を託して、エリアスとは異なり、精神分析のもたらす真理は普遍的で超時間的であると主張したのである。『心理史評論』の創刊者が、「歴史と心理史のあいだの関係は、占星術と天文学との関係と似たところがある」と主張するとき、彼はその大胆な企てをほとんどの歴史家たちにとっての笑いの種にしてしまったのである。精神分析学的志向のある歴史家でさえ、みずからを心理史と結びつけるのはあまり乗り気ではない(38)。

心理学的アプローチに対する歴史家の抵抗は、ひとつには、今日の社会心理学の重要な先駆者である群衆心理学として知られる領域がたどった帰結に対する、政治的な異議申し立てに起因している。群衆心理学は、アカデミックな社会科学ではなかったが、一九世紀末において、文学、社会科学、歴史に対して大きな影響力を行使してきたし、二〇世紀になってもかなりの威信を保持し続けた。このジャンルの最も知られた実践者はギュスターヴ・ル・ボンであり、彼はフランスの政治エリートに多くの知人をもつ独立した研究者であった。彼の著作『群衆心理』は、最初フランス語で一八九五年に出版されたが、大衆行動に関するフランスやイタリアの研究者の作品に依拠していた。ル・ボンは、群衆のなかの個人は一種の催眠状態に陥り、「自分の意志によって自分を導く力のなくなった自動人形」になっていると論じた。組織された群衆の一部となることにより、「文明化の階梯のなかのいくつかの段を下降して、野蛮人」となっている。群衆とは、「進化の劣等な段階に属していること」を示す記号となる。ル・ボンは、それを「女性、野蛮人、子ども」と同列視した。ル・ボンは、群集心理学が、労働者のストライキや暴動、とりわけ社会主義のような近代社会の「病理」を説明するものと考えたのである。(39)

ムッソリーニは『群衆心理』を何度も読んだと主張しているし、ヒトラーが『我が闘争』の資料としてそれを利用したことに見られるように、群集心理学と極右的立場とのあいだには親和性がある。それゆえ、一九五〇年代や一九六〇年代の社会史の先駆者たちが心理分析から距離をおいたのは驚くべきことではない。たとえば、ジョージ・リューデは、歴史学における群衆研究のなかでル・ボンに反駁していることは明らかだ。リューデが主張するには、フランス革命期のパリの群衆は、何よりも安価で豊富な食料を欲する、近隣に住む、勤勉で、普通の家族をもつ人びとから構成されていた。要するに、彼らは非合理的な群集心理に基づくのではなく、意識的で合理的な動機から行動していたのである。リューデが主張するところでは、群衆行動は心理学的な言語ではなく、社会学的な言語でもっともよく説明できることになる。(40)

社会史家が心理分析から距離をおいたという通例には例外というものが存在し、それによって一般的な有効性がはっきりと示される。トムスンの影響力をもった『イングランド労働者階級の形成』のなかには、心理学的なカテゴリーを用いたメソディズムに関する章がある。それは、一八世紀後半から一九世紀初頭にかけてイングランドとアメリカで急速に発展したプロテスタントの英国国教会の再生運動である。なぜに多くの労働者が、トムスンが言う「心理的な搾取」に好んで服従することになったのであろうか。トムスンの主張によれば、イングランドにおけるフランス革命支持者の敗北への反動として、革命支持者によってメソディストの「ヒステリー」が生じたのであった。宗教は、抑圧された革命的な情熱に対する安全弁であった。良き群衆は心理学的な分析の対象になることは決してなく、(この場合は、政治的に受動的な)悪い群衆のみが分析対象となったようだ。[41]

したがって、社会史の勃興は、心理学的分析のほとんどの形態を拒絶することになった。社会的解釈は、普通の人びとの動機を立証しているように見えるのに、心理学的解釈はそうした動機を事実上論難したからである。フーコーは、〔社会的解釈という〕同じ目的をもってはおらず、群衆の動機を検証することに関心を払ってはいなかった。だが、彼のアプローチも心理学的解釈にとっては不利に働いた。フーコーは、多様な規律実践を通じた個人の構築に深く関心をもっていたが、彼の主眼は自己ではなく身体にあった。実際のところ、フーコーは、個人の意識が関与していることさえも否定した。「もし権力が身体へと侵入していくとしたら、それは権力が人びとの意識に内面化したからではない」。身体は、心のあずかり知らぬところで、監獄のような制度を通じてかたちづくられるのである。[42]

フーコーに影響を受けた文化史家、とりわけジェンダー史家たちは、身体に関する言説と実践に関する画期的な研究を生み出していった。学校、工場、監獄、軍隊、修道院における規律。女らしさや男らしさの実践、身体刑、断食と入浴、エチケット、手紙の執筆。これら身体の多方面に関わる多様な研究は、本当に驚愕すべきものである。しかし、こうした作品は非常に啓発的なものであるが、ほぼ例外なく、身体の社会的・文化的な構築を明らかにすることに狙いを定めており、自己についてはせいぜい、ごく二義的なものとして取り扱われているにすぎない。それは自己というブラックボックスの内実がどのようなものであるかについて言及をしていない。つまり、自己は〔主体的に〕さまざまな種類の社会的構築の作用と相互に影響し合い、それらを限界づけ、それらの間での選択をおこなうこともあるのだが、その自己の中身について言うべきものをもたないのである[43]。

要するに、かつて一九五七年にハーヴァードの歴史家ウィリアム・ランガーが嘆いたところの歴史家と心理学者との間の「鉄のカーテン」が、依然として聳立《しょうりつ》しているのだ。精神分析家もアカデミックな心理学者も、それをなぎ倒すことに成功していないのである。フロイトの見解に対してあまねく流布した哲学的・医学的・文化的な批判。フロイト派内部でのフロイトの作品の正確な解釈をめぐる論争。代替医療の急速な多元化。精神疾患に対する薬理学的治療への信奉。これらのすべてが、精神分析や対話療法の正当性の基礎を掘り崩すことに寄与している。

しかし、フロイトの基本的な知見の多くは、依然として有効なものである。ほとんどの神経科学者は、精神活動は科学的分析が可能であると考えるが、ほとんどの精神過程は無意識のうちに発生するとも考えている。フロイトのように、性的な動機は通常、優先権を与えられていない(また、どこでおこなおうとも、それらは進化論的枠組みに位置づけられている)が、多くのものが、依然として次のように主張している。精神は自己や主体(フロイトのいう自我)の感覚を含み、そして精神は個人を共同体(フロイトのいう超自我)へと結びつけると。[44]

歴史学と心理学の対話の可能性は、アカデミックな心理学となると、さらに見込み薄となる。心理分析は、臨床診療においては、患者が分析者に語るナラティヴの形態での歴史的物語に依拠している。その一方で、研究職の心理学者は、実験室での行動様式についての研究に依拠しており、みずからの学問分野の歴史に関することでもない限り、歴史解釈を刺激することもなかった。さらにいえば、アカデミックな心理学者たちは自己の定義に関して意見の一致を見ることはなかった。一九七四年から一九九三年の間に刊行された約三万件の自己に関する論文をレビューしたある心理学者は、次のような結論を下している。「自己を扱った何千もの雑誌論文は、［自己とは何かという］根源的な問題に対する答えを明示するというよりも、さらにとらえどころのないものにしている」。[45]

したがって、認知科学者が自己を一種の蜃気楼とみるようになったのは、驚くべきことではなかろう。彼らの論理構成は、予期せぬかたちで、フーコー(視覚上の幻影としての自己)、デリダ(幽霊としての自己)、ラカン(誤認としての自己)のようなポストモダニストと一致するようになった。たとえば、心理学者のマイケル・S・ガザニガによれば、自己とはフィクションであり、私たちがみずからの人生に責任を負っているという幻影であるとした。彼の見方によれば、「心理学は死んだのだ」。それは、神経科学、認知科学、進化生物学によって取って代わられたのである。しかし、ガザニガでさえ、少なくとも生活のなかで思考し行為するうえで重要な役割を果たす「自己の感覚」が存在することを否定しなかった。分離脳 split-brain の患者についての最近の研究レビューによれば、「自己そのものについて研究することは困難であったけれども、自己に関する概念的・認知的なプロセスの興味深い観察は存在してきた」という。この研究において、ガサニガと彼の研究協力者は、以下のように結論づけている。「自己の感覚」は、「[左右の脳の]両面に分散するネットワークから生起している」と。(46)

情動と身体

自己に関する不確実性が増している状況のなかでは、自己に関する歴史研究などというものはほとんど不可能に近いように見える。だが、ある領域、つまり情動の研究では、神経科学や心理学者との有益な関係が構築されつつある。ウィリアム・レディは、一七五〇年から一八五〇年にいたるフランスの情動の歴史を展開するために認知心理学を研究することになった。彼が論じるには、感情主義《センチメンタリズム》として知られる一八世紀の情動の様式が、フランス革命期のテロルを引き起こすのに重要な役割を果たしたという。なぜならば、感情主義は誠実さと愛国的熱情を重視していたからである。その後の政府は感情主義を抑制したが、そのことは逆説的に個人の情動表現にさらなる余地を提供することになった。というのも、政府は感情から直接的な政治的意味を取り除いたからである。レディの独特な主張は論争を呼ぶことになったが、それにもかかわらず歴史分析の新たな領域を切り開いたのであった。(47)

情動が歴史研究の将来性ある豊かな対象である理由は、それが、歴史資料のなかに自己に関するほかの表現に比べても頻繁に出現してくることによる。怒り、疑念、恐れ、幸福、驚き、悲しみなどは、法廷の記録から絵画にいたるまで、多くの多様な資料のなかに痕跡を発見できる。そうした感情表現は普遍的に認識できるとする論者もいるが、たとえそうだとしても、コンテクストが異なればそうした認識のありかたにも異なる結果が生み出される。だからこそ、文化的・歴史的な研究が不可欠となる(48)。

現在の神経科学で理解されているように、情動はとりわけ枢要な位置を占める。たとえば、神経科学者のハンナとアントニオのダマシオ夫妻は、脳損傷の研究のなかで、情動が理由づけや意志決定において不可欠の要素であると証明している。発作、脳挫傷、脳腫瘍の結果として特定の情動を感じる能力を失った人びとはまた、ある種の合理的な決定をする能力を失うことになる。したがって、理性や合理性は、情動や感情の対極に位置するカテゴリーなのではない。理性は機能面において情動に依拠している。この種の研究が影響力をもっているために、こうした研究領域を「情動認知 affective cognition」や「情動科学 affective science」として言及するものもいる(49)。

情動は、個人の心と身体の蝶番として機能する一方で、また個人をより広い社会や文化に結びつけることにもなる。情動は個人のレヴェルで無意識的な身体的反応をもって始まり、自覚的な感情へと一連の過程を踏んで発展していく。社会の内部における多様なコミュニティは各々が情動表現を統制する異なる方法をもっており、社会と文化も情動表現において多様となる。レディが確認するところでは、権力に関するひとつの重要でしばしば看過されてきた側面は、情動表現の限界を決定する能力にある。たとえば、ルイ一四世が宮廷での格式《トーン》を設定したと語るときには、廷臣たちの敵意、ねたみ、悲しみや幸福感にいたるまでの表現方法を国王が統制していたことを意味している。情動表現の統制の研究は、歴史的時代のみならず、西欧に加えて非西欧世界を含んだ異なる文化間での比較の問題へと誘ってくれる。中世の民衆がより衝動的で暴力的傾向があったとするエリアスの叙述に見られるように、そのような比較研究は、不当に差別的なところもあり、バーバラ・ローゼンワインやウーテ・フレーフェルトのような歴史家の作品では、そうした解釈に必然性がないことが証明されている(50)。

アントニオ・ダマシオは、妻であるハンナ・ダマシオとの情動に関する研究から、生物学的でもあり歴史的でもある自己についての神経科学的な基盤のモデルを発達させた。彼が論じるには、自己は更新世期(ホモ・サピエンスの登場の時期)に発展した人の脳の進化論的な特徴に依拠している。心、意識ある心、文化を創り出せる意識ある心が、順番に登場してくる。自己とは、「際限なく繰り返される比較的安定的な生物学的な状態に根ざす」視座であり、有機体の構造や機能から中核が生まれ、ゆっくりと進化する自伝的なデータを通じて発達していく。したがって、自己は、過去の記憶、可能な未来への構想や計画の記憶、言いかえれば、歴史的ないしは物語的な感覚の継続的な再活性化を基盤としている。自己は身体と脳に根ざしているので安定的であると同時に、生物学的な状態が新たな自伝的情報によって継続的に再活性化され刷新されるために、歴史に開かれている。ダマシオが言うところの「拡大」意識、すなわち自己の意識は、直接的な経験を超越した歴史、対象としての記憶、スケールとしての時間の感覚があるからこそ、かたちづくられるのである(51)。

ダマシオの議論の要素の多くはずっと変わらないままであるが、変わったところもある。それは、「対象との関係はまったくなしに、自分の生きた身体の存在を意味づけする「原初的感情」」に関する最近の研究における彼の主張が、最も有名である。彼は現在では、このこと〔原初的感情〕を重要であると考えており、「あらゆる感情の背景にある原初的なものであり、したがって、対象と生命体とのあいだの相互作用によって引き起こされるあらゆる感情の基盤にある」という。全体として「単純版の」自己を構成する四つの要素のうちのひとつである。他の三つの要素は、身体に根ざした心にとっての立脚点(これが私の身体だ)、心の所有者としての感情(これが私の心だ)、主体の感情(私の身体によって遂行されている行為は、私の心によって命令を受けている)である。キーワードは、視点(立脚点)、感情、結局、意味するところは、身体化 embodiment なのである。(52)

神経科学においては新たな発見が洪水のように登場してきたが、意識や自己意識は生命科学的な用語では満足なかたちで説明されているわけではない。哲学者のジョン・R・サールが、ダマシオの書物『自己が心にやってくる』(二〇一〇年)への長文の書評に用いたタイトルを引用すれば、「意識というミステリーが続いている」のである。サールの見解では、やがては意識についての科学的説明が登場するのだろうが、今のところは強力な障害に直面している。つまり、意識の神経科学的対応物を確立しようとすることは、これまでのところ失敗している。ダマシオのように自己と心との相互作用を意識の登場として説明する理論的な試みでは、不十分なのである。なぜなら、それらは意識の問題を心や自己に移し替えただけにすぎず、すでに自己は意識的であると見なすことになってしまうからである。サールにとって自己を説明するのは意識であって、その逆ではない。意識の誕生については、誰も説明できていないのだ。(53)

しかし、すべてのものが不確実なわけではない。サールも認めているように、ダマシオは、「意識に関する説明のなかで、孤立した質的で主観的な出来事の連鎖としてではなく、「私の経験」として、私たちの意識の状態がどのように経験されるのかを説明する必要がある」と強調することで、すでに新たな領域へ足を踏み入れていた。身体に関する現在進行形の経験の主役としての自己の感覚をもつことは、意識にとって、また究極的には主体やアイデンティティの感覚にとって不可欠である。この自己の感覚は、世界における身体の相互作用を心が解釈したことから登場する。(54)

ここ二〇年間に、認知科学はもっぱらの計算論的な観点ではなく、ますます身体化という観点から心をとらえるようになった。計算論的な観点では、脳とは、脳によって生み出され脳のなかに位置する表象を精査するコンピュータのようなものである。身体化の観点は、神経科学者よりも心を分析する哲学者によって大きく支持されているが、「認知とは、所与の心による所与の世界の表象ではなく、むしろ世界に存在するものが遂行する諸行動を基盤として、世界と心とがくりひろげる相互活性化なのである」。身体化の観点では、コンテクストとは、広い意味での環境や身体を含むものであり、感覚的な入力に還元できるものではない。身体と脳、身体と環境との相互作用は、自己を創出して、その後に自己、脳、身体、環境と経験のあいだの相互作用を通じて継続的に更新される。認識と行動は絡み合っているのであり、認識が行動に先行しているわけではない。(55)

心を身体化からとらえる観点を唱道する哲学者たちは、しばしば、モーリス・メルロ・ポンティの現象学的哲学を参照する。メルロ・ポンティ自身は幼児の認知研究によって影響を受けており、彼の『知覚の現象学』(一九四五年)は、自己の身体化の哲学的重要性に注意を向けている。メルロ・ポンティによれば、世界に関する個人の知覚は、外的世界からの刺激の影響によってのみ引き起こされるわけではない。刺激が意味をなす世界を自己が表現することができるがゆえに、個人の認識は発生するのである。彼の見解において、認知とは身体図式(彼は「シェーマ・コルポレル schéma corporel」と呼んでいる)を発達させることに依拠している。この身体図式とは、身体を世界のなかに位置づけ、他者の身体への理解を促進するものである。したがって、身体化された自己 embodied self は、独自の貢献を展開することになった。身体化された自己は、自分の権限で活動したときのみ、外因性の感覚や社会的な条件付けを理解できることになる。[56]

身体化された自己という概念を保持することは、身体と世界との相互作用に優先権を与えることを意味している。したがって、身体と心は不可分のものとなる。脳が身体に位置しており、心が脳の活動を通じて登場してくるために、身体と心が分割できないことは明らかなように思われる。しかし、身体と心の分離は、キリスト教神学や西欧哲学の歴史の中心的な構成要素であった。心身二元論が放棄されてしまえば、心とは何かということが依然としてわからないままになる。アントニオ・ダマシオでさえ、心に焦点を当てる際に、明らかに曖昧な言葉を使っている。彼の狙いは、「心の変わりやすく、はかない営み」の生化学的ならびに物理的起源を探求することにある。しかし、彼の言葉の選択が、そこに含まれる困難さを示している。「私たちが心の状態として経験することは、個別の脳領域における活動に対応しているのではなく、むしろ複数の部位がかかわる大量の再帰的な信号創出の結果なのだ」。しかし、心は思考について考察するには、依然として有効なものとなる。いや不可欠とさえ言える。したがって、ダマシオは、正確な定義を与えることもなく、その言葉を頻繁に用いている。それは、自己と同じように、実体ではなくひとつのプロセスなのである。[57]

自己や心の身体化に焦点を当てることによって、もともと無意識的な身体プロセスから自己が発展してくる様子を理解できるようになる。たとえ、その展開が依然としてかなりの論争の的であったとしてもである。哲学者のショーン・ギャラガーは、生まれてから数時間という例も含む新生児の実験研究に依拠して、自己についての最初期の感覚を究明しようとした。たしかに、ギャラガーは、認知のための身体図式の重要性についてのメルロ・ポンティの議論にしたがってはいる。だが、それはメルロ・ポンティが結論づけたように発達に何カ月も要するものではなく、生まれてすぐに存在することを発見している。ギャラガーの主張は、新生児は他人の行動を模倣することができるので、生まれたときすでに原初的な身体図式をもっているということにあった。言いかえれば、彼は生得の身体図式が存在すると考えている。人間は、身体プロセスを通じて自己について学ぶことをすぐに始める能力をもって生まれてくる。生まれたときには、すでに原初的な自己についての感覚の要素をもっているのである。ギャラガーによって解釈された(彼自身はそのような実験はしてこなかったが)、そうした新生児の認知に関する研究は、サールによって提起された異論のいくつかに答えてくれる。つまり、ダマシオが論じるように、自己は意識に先行する、さもなければ、意識と同時に登場するものであり、自己と意識は時間を通じて発達するのである。原初的な身体図式についてのギャラガーの議論は、ダマシオの原自己についての説明に適合的なものとなる。この原自己は、中核自己をへて、最終的に自己再帰性、あるいは、ダマシオのいうところの「拡大意識」へと発達していく[58]。

身体化された自己は、歴史家にとってどのような力を発揮するのであろうか。個人の意味するところが、文化的ならびに歴史的に異なることは明らかである。たとえば、あらゆる時間や場所が、家族、共同体、国家の関連性のなかで個人の自律性や個人の権利に対して同等の強調点を与えるとは限らない。しかし同時に、身体の所有感覚、行動の主体、省察の能力として定義される自己は、あらゆる人類の機能にとって疑う余地のないほど重要であることは間違いない。それは、たとえ正確に「それ」

が何を意味するのかについての論争があったとしても、存在するのだ。しかし、自己は、頭のなかにあるホムンクルス〔小びと〕として想像されるべきではない。脳ではなく、身体化された自己が、見て、聞いて、臭いをかぎ、味わうといった決定をおこなうのだ。それは、思慮がないこともあれば、思慮深いこともある。アイデンティティ、主体、自己は、脳、身体、世界のあいだの相互作用の過程で登場して、絶え間なく変化するプロセスである。しばしば描かれるのとは違って、主体は単に抽象的で哲学的な問題ではない。主体は、生物学的ならびに社会的発展から導き出されるものなのである。(59)

身体化された自己は、社会的文脈化と社会的解釈になじみやすいものである。ミラーニューロン〔他者への共感能力を司っていると考えられている神経細胞〕があるから、社会認識が可能になるというだけではない。ミラーニューロンの発展はまた〔逆に〕、社会的相互作用によっても影響を受けているのだ。〔たとえば〕幼児は、情動の負荷をおった環境にいるとわかったとき、注意の対象になることに対してすばやく反応する。しかし、社会的相互作用が神経科学的発達に及ぼす影響の研究が相対的に遅れているのは、ひとつには、複雑であることに変わりはないものの個々人の脳についての実験を設定するほうが簡単だということにあり、またひとつには、ほとんどの神経科学が、重要な事態は脳の内部で発生することを前提としているからである。(60)

歴史家にとって、重要な事態が脳の外部で発生しているというのは、言われるまでもないことだ。何か重要なことが脳の内部で発生していると考える必要があるのだ。個人としての自己に関心を払うことなしに、変化を説明することはできない。脳は、自己の感覚を発達させるために配線されているので、自己は、最初の瞬間から外界との相互作用に常に何かをもち込んでくる。たしかに、自己は経験によってかたちづくられるが、自己は経験を構成するうえで重要な役割を果たしてもいる。把握できる自己が存在しなければ、経験など存在し得ないのだ。自己は、自己の継続的な発展のなかで経験に役割を与えることによって、つまり、ときに意識的に、ときに無意識的に経験を解釈することによって、経験を構成する役割を果たす。主体と歴史変化はともに、身体化された自己と、社会的ないしは集合的側面をもった生とのあいだの相互作用的な関係に依拠している。実際のところ、社会とは、重なり合う間主観もしくは自己間関係でなくて何であろうか。さらにいえば、個人の意識は、社会的相互作用によって身体化され、かたちづくられているが、依然として再帰的に考察ができ、それによって行動の結果を変えることができる。これは、非身体化された主観性や意図として想像される自由意志の表明を通じておこなわれるのではない。むしろ、自己、心、身体、環境と、それらに対する自己の解釈のあいだの相互作用の連鎖を通じておこなわれるのである(61)。

社会と自己は、二者択一の命題に還元するべきものではない。社会は自己から構成されているし、自己は社会的諸関係ないしは自己間の関係によって規定されている。ある程度まで、それは単に視点の変化にすぎないのである。たとえば、フランス革命における群衆の立脚点を社会的な集合性として考えるときには、一七八九年七月のバスティーユ監獄への攻撃や一七九二年九月の監獄での大虐殺の底流にある合理的根拠を見て取ることができる。バスティーユは恣意的で専制的な政府を象徴しており、一七九二年の囚人たちはパリに進軍してくる敵軍と協力関係にあるとの嫌疑をかけられていたのである。一方、群衆を構成する個人の視点を考察するならば、焦点は変化する。集まった人びとは、誰もが予期せず意図しなかったかたちで行動するようになる。社会的解釈は、根源的な根拠を再獲得して、誰が最もそうした集団に参加する傾向があるかを説明する。個人に関心を集中する解釈は、そのような集合体に参加することが個人の感情や決定を変更させる点を強調する。したがって、高度に緊迫した状況のもとでの一時的な集合体を形成する過程で展開する肉体的な経験に、もっと注意を払うことになる。

視点を変えることは、補い合うような事実の発見をもたらすとは限らない。だが、群衆のなかの個人の経験に注意を払うのは、群衆が暴力的になることを説明するにあたって不可欠となる。社会科学者のなかには、群衆行動の認知科学的モデルを構築しようとするものがいる。この種のアプローチが強調するのは、行動の集合的な動態的力学と、視覚的かつその身体的な合図に基づいた個人の意志決定とのあいだにある交錯である。そのようなモデルの長所は、群衆行動を非合理的でヒステリックであると考えることなく、むしろ、個人と集団的なパターンとのあいだの交錯が多様で必ずしも平和的でない方向に発展していくことを示している点にある。このモデルが説得力をもっているのは、個人としての自己を組み込んでいるからである。(62)

身体化された自己の観念の登場にともなって、長年のやっかいな哲学的・歴史的な二項対立のいくつかを超えていくことが可能となった。普遍主義と差異、生物学と歴史学、自然と人為、理性と情動、安定的な自己と脱中心化された自己、時間を超越した心理学と時間に根ざした歴史学、さらにいえば、個人の主体性と社会的構築。これらのあいだには、必然的な対抗関係は存在しない。人間は、自己と社会との関係を発展させる能力をもって生まれてくる。しかし、それらが取る形態は、文化的ならびに歴史的に異なっている。しかし、言うまでもないことだが、意見の一致をみない領域が依然として数多くある。つまり、どの程度、それらが相互に関連しているのかということだ。歴史家たちには、自己と社会関係双方の発展の過程での歴史的な差異を発見するという重要な役割がある。しかし、もし対話に入っていって、自己についての考察を開始しなければ、歴史家たちはそうした役割を演じることはないであろう。

第四章　新たな目的、新たなパラダイム

パラダイムと物語

歴史学は常に構築のプロセスにある。しかし、たぶん二一世紀ほど、そのことが最も明瞭なかたちでおこなわれている時代はなかろう。二〇世紀の支配的なパラダイムの権威は、修復不能なほどに地に堕ちた感がある。パラダイムを掘り崩してきた文化理論は、代替案の青写真を描くことなく構造的な弱点を露呈してきた。グローバリゼーションを語ることは、より広い風景に注意を向けてくれたが、安定的なパラダイムを生み出すにはいたっていない。にもかかわらず、歴史学が刷新される可能性についていては胸躍るものがある。自己と社会についての新たな思考様式は、過去のアプローチから受け継がれ、グローバリゼーションによって提起された諸要素と結びつくことになった。その結果として、歴史研究の目的の進化に対応する新たなパラダイムが登場しているのである。

歴史学は、国民国家形成やアイデンティティの政治に役に立つ。というのも、国民国家は依然として政治的ならびに社会的生活のほとんどの枠組みを提供するからである。同時に、私たちがますます自分自身を他者や他種とともに地球の過去と未来を共有していると見なすようになるにつれて、歴史学の目的は拡大している。遥かなる人類の過去、グローバリゼーションの趨勢、環境やほかの動物と人類との関係性の変化は、関心の増大するテーマとなっている。新たな関心についての歴史的資料として、考古学から人や動物のゲノム研究にいたる学問分野からの光がどんどん当てられるようになった。最近の原子力事故や原油流出などの人間による環境破壊が、必然的に共通のグローバルな異議申し立てへの関心を沸き起こしている。

しかし、そうした展開は必ずしもひとつの回路に向かっているわけではない。グローバルで、超長期的な歴史は、唯一の語られるべき物語なのではない。歴史的な問題に対する解答は、分析の規模に慎重な注意を要することを歴史家は常に熟知してきた。たとえば、どのように工業化が英国で始まったかを理解したいならば、初期工業化の要衝の地であるバーミンガムのような都市、あるいは蒸気機関を完成させたジェームズ・ワットのような個人を研究すればよかろう。しかし、なぜ英国で工業化が最初に始まったのかを理解したければ、一八世紀の主たるライバルであるフランスのような他国と英国を比較するという別な視座が必要となる。ごく最近では、歴史家たちは英国と中国との比較を論じている。西欧の技術的な優位性は、一八世紀においては所与のものではなく、結果的に起こった勃興を理解するには、より広い比較対照を必要とすると主張している。研究の規模は、答えるべき問題がいかなるものかによるのだ。(1)

歴史的なアプローチを必要とする多様な問題が存在するもとでは、ひとつのパラダイムがすべてを支配することはない。諸パラダイムそれ自体には積極的に害があるとは言えないが、ほとんど価値はないと結論づける研究者もいる。なぜなら、それらは必然的に歴史的経験の多様性を奪っているからだというのである。それにもかかわらず、パラダイムは必要であると私は考える。人間の本質からいって、人間であることが何を意味するのか、どこから人間はやってきたのか、そしてどこへ行こうとしているのか、という問いを発するのは当然のことである。私たちは、絶え間なく近代化しグローバル化する世界に暮らしているのであろうか。階級間の闘争が、多かれ少なかれ切実となるのであろうか。農民たちは地球上で消滅して、巨大都市を基盤とした根本的に異なる社会組織に道を譲ったのであろうか。よく知られた社会的アイデンティティが解体して、新たなものが登場しつつあるのだろうか。かつて歴史学において支配的であったパラダイム(近代化論、マルクス主義、アナール学派、アイデンティティの政治)によって提起された諸問題である。たとえ解答が議論の余地のあるものであっても、その設問は私たちに絶えずつきまとってくる。

パラダイムが問題となるのは、本質からいってそれが歴史像のごく一部にだけ焦点を当てるからである。だが、パラダイムは不可避であるだけではなく、必要となる。包括的な歴史は、集団に関するものであれ、国民に関するものであれ、世界全体に関するものであれ、政治的ならびに文化的権力を行使する場合には重要なものとなる。それは、西欧の社会科学者がパラダイムを創出することに長けていた理由ともなっている。パラダイムを支配することが、西欧の政治的ならびに文化的ヘゲモニーのひとつの側面だったからだ。支配的集団や国家権力に抵抗しようとする人びとにとって、そのような物語を全体として否定するだけでは十分ではない。オルタナティヴな物語が不可欠となる。したがって、たとえば一七七六年の英領北アメリカ植民地の独立宣言は、次のような言葉で始まっている。「人類の歴史において、ある人びとが、自分たちをほかの人びとと結びつけてきた政治的なきずなを断ち切り、世界の諸権力のあいだで、自然の法と自然神の法によって与えられる独立平等の地位を占めることが必要となったと考えるにいたったとき、全世界の人びとの意見を真摯に尊重するならば、その人びとは自分たちが分離せざるを得なくなった理由について公に明言すべきであろう」。自明の真理に関する第二段落の有名な言及、「すべての人間は生まれながらにして平等であり、その創造主によって不可侵の権利を与えられている」は、長期にわたって反響を呼ぶことになった。しかし、「諸州に対する絶対的な専制」を狙いとしたジョージ三世の「度重なる不正と権利侵害の歴史」という大きな物語のなかでは、ごく限られた場所を占めたにすぎない。独立は、植民地の歴史と世界におけるその地位を再考する物語を展開できるかどうかにかかっていた。物語は、エスニックなアイデンティティであれ、国民的団結であれ、西洋の歴史であれ、世界の歴史であれ、広い秩序の感覚を打ち立て、その秩序自体を変革するためには不可欠であった(2)。

物語とは、人間の発達にとって不可欠な能力である。物語は、個人の記憶、自己の感覚、現実性の個人の観念さえも組織化する。ある脳の損傷は、影響する部位にもよるが、多様なる「物語の機能不全」と関連してくる。それは、健忘症(記憶喪失)の形態を取ることもあれば、物語の捏造(現実の出来事とほとんど関係なく物語を捏造する)の形態を取ることもある。また、物語の未発達(多様な物語のなかでの選択をした結果、そこから予期される影響を判断する能力がない)でもあれば、物語からの離脱(物語のシナリオに感情移入できない）となることもある。児童心理学の最近の手引書が主張するように、「物語は文化的に普遍的であり、人間が経験を組織化し、人間の行為を解釈して評価するために保有している強力な解釈学的道具のひとつである」(3)。

物語る能力は、文化的ならびに個人のレヴェルでの普遍的な人間の能力となる。ロラン・バルトは、「物語はあらゆる時代、あらゆる場所、あらゆる社会において存在する。それは人間の歴史とともに始まり、物語を欠落させた民族は、存在したことがないし存在しえない。……作品の善し悪しを別とすれば、物語は国際的で、超歴史的で、超文化的である。生命そのものと同じく、そこにあるものなのだ」。さらにいえば、すべての文化は、そう呼ぶかどうかは別として、包括的な歴史やメタ物語《ナラティヴ》をもっている。なぜなら、すべての文化は、起源について、人生のなかで重要なことについて、どのようにして世界のなかでのその位置を占めるようになったのかについての、物語をもっているからだ(4)。

クリフォード・ギアツは、『文化の解釈学』の冒頭において、そのようなメタ物語についての卓越した物語を展開している。ある英国人に関する寓話がある。世界は台の上に乗っていて、その台は象の背中に乗っており、象は亀の背に乗っている、といわれた英国人は、それでは亀は何に乗っているのかと、インド人の対話者に尋ねた。それは別の亀に乗っており、そのあともずっと亀に乗っているというのだ。ギアツは、この説明を人類学の仕事のメタファーとして解釈している。そして、すべての物事の根源にたどり着くことは不可能であり、「文化分析は、本質的に不完全なものである」と結論づけている。ギアツは、文化を理解する最良の方法としての「厚い記述」を、因果関係に対抗する論拠としている。彼が言うには、「文化は、人間によって紡がれた意味の織物であり、その分析は法則を探求する実験科学ではなく、意味を探求する解釈学的なものとなる」[5]。

ギアツの二項対立、すなわち、一方での科学、法則、因果関係と、他方での文化、解釈、意味とのあいだの対置は、際立っている。結局、この物語が示しているのは、たとえすべてのそうした因果説明が最終的に壁に突き当たったとしても、すべての人が世界の起源についての因果解釈を欲していることにある。この物語が確認させてくれるのは、世界の起源の探求は無限の連鎖を探求すること、つまり、時間の始まり以前に、何があったのかを問うことであるという点にある。したがって、インド人の反応が指し示すのは、普遍的に見られる状況であり、かつ普遍的な対立軸である。しかし、それはまた、因果論的思考の不可避性を示している。私たちが構築している物語は、世界における個人や集団の位置を説明する。したがって、私たちはみな因果論的思考様式に関与しているのだ。ジャン・ピアジェは、子どもが七、八歳頃に因果理解を発達させると考える。しかし、最近の研究は、二歳になった子どもは出来事と精神状態とのあいだの因果関係を理解して、そうした関係を言葉で表現する能力をもつと証明した。因果論的意味づけは、普遍的なものとなる[6]。

しかし、ギアツの話は別のメッセージも意味しており、それは世界の起源を説明することの困難さに関連した西欧の優越感についてである。英国人は、インド人の説明によって言葉を失ってしまったらしい。英国人は、その説明が誤謬であるとは厳密には証明できないだろう。それにもかかわらず、インド人がキリスト教の神のような真に究極的な原因を見つけられないために、英国人がある種の自己満足に浸っていると想像することはできる。信仰の徒にとっては、神の存在は、究極的なものとして因果論的解釈を必要としない。いわば、キリスト教の神は、あらゆる亀の生みの親なのである。

歴史家たちは、〔地球という〕惑星の歴史を記述しようとするのでなければ、通常は世界の起源について悩まされることはない。しかし、歴史の意味の問題と格闘することを求められる。目的というものが、自由であれ、進歩であれ、近代性であれ、グローバリゼーションであれ、歴史にはそうした暗黙の目的というものが存在するのであろうか。一九世紀初頭ドイツの哲学者であるヘーゲルは、最も有名な定式化のなかで、「世界の歴史は、自由の意識の発展にほかならない」と主張した。この発展が意味するのは、直線的な歴史の発展である。「東洋では、過去から現在にいたるまで、ひとりが自由であることを認識するにすぎず、ギリシア世界やローマ世界では特定の人びとが自由だと認識し、ゲルマン世界は万人が自由であることを認識する」。したがって、ヘーゲルの見解では、現在は過去に優越し、西洋は東洋に優越することになる(7)。

この種の目的論的思考は克服することが難しいものであり、またある程度まで、包括的な物語を含んだパラダイムという概念そのものに暗黙のうちに含まれている。物語には、当然に始まりと終わりがある。過去に遡って物語の終わりまで読まないことは困難である。物語それ自体は、終わりや目的と切り離すことが難しいものとなる。なぜなら、本質的に回顧的で、ある時点から構築されるからだ。物語は、過去がどのようにして現在へとたどり着くのかを説明する。また、遙か過去の出来事が遠くない過去の結末に行き着くのかを説明する。したがって、現在は必然的に物語の終着点として機能する。哲学者のデイヴィッド・カーは、物語は目的論的であると論じている。なぜなら、あらゆる人間の行動は、目的論的に構成されているからだ。行動は、予測される目的からその意味を引き出してくる。物語は、その目的を反映しているのだ(8)。

ダーウィンは、旧来の生物学に基礎を提供した目的論的な思考を終わらせたと考えられている。しかし、彼の自然淘汰の法則でさえ、回顧的な視点で眺めるとき目的論的な思考に負うところが大きい。生き残っている有機体は、最も環境に適応したものだからである。したがって、進化は、長期的なパターンや目的を明らかにしているように思われる。宗教やアリストテレス的な形而上学の類いを拒絶したマルクスのような厳格な唯物論者でさえも、歴史そのものは潜在的な目的を明らかにすると考えようとしていた。それはマルクスにとっては、共産主義革命におけるプロレタリアートの勝利を通じた階級闘争の最終的な消滅を意味していた。時間を遡ることは、目的論にほかならないのである。

この難問を生み出す鍵となる要素は、語り手の視点である。ヘーゲルのように、西洋の優越を説明するために叙述するとしたら、それは物語の目的となる。自然淘汰を経たあとの有機体を眺めるとすれば、生き残っている生物が適者だということになる。自己を語りながら、人はこう尋ねるであろう。「どうしてここにたどり着いたか、この時代のこの時点にだ」。したがって、あらゆる障害と迂回路が存在するにもかかわらず、すべてのものは終着点につながっているように思われる。

歴史家にとっての解決方法は、第二次世界大戦後の数十年に提起されたように、物語をすべて拒絶することではない。自然科学、少なくとも社会科学により接近しようとする歴史家たちは、歴史家は分析にこだわるべきであり、物語からは距離をとるべきだとした。自然科学者と同じように、体系的に数量的な証拠を集めて、因果関係的な解釈を確立しようとして仮説を検証する。アナール学派の歴史家エマニュエル・ル・ロワ・ラデュリが「唯一の科学的な歴史は数量的な歴史である」と主張したのは有名である。データを数量化する者は、ギアツによって宣言されたのと同じ科学と文化解釈との

二分法をもち出すが、前者を選択する。(9)

より科学的なアプローチを求める試みは、多くの理由で不十分であった。しかし、最も重要なのは、物語から分析と因果論的解釈を切り離すことが不可能な点にある。事実、あらゆる因果論的説明は物語を内包しており、物語は因果論的解釈を内包している。人びとが物語のテクストを理解する仕方についての研究で、実験心理学者のアーサー・C・グラッサー、マリー・シンガー、トム・トラバッソは、物語を理解することは三つの要素に依拠しているといっている。つまり、読者の目的、一貫性への要求、行動や出来事に対するもっともらしい解釈の展開である。要するに、どんなに曖昧でナイーヴなものであれ、読者が因果関係の説明を思い描くことができなければ、物語は理解されることはない。さらにいえば、物語の理解は、目的と一貫性を見つけようとする読者の衝動に依拠しているために、必然的に目的論的な要素をもっている。哲学者のポール・リクールは、『時間と物語』において、「因果論的解釈と目的論的議論は、相互に還元することが不可能であり、両立可能であり、ある行為に添えられた意味のなかで混在している」という。言いかえれば、人間はみずからの目的に関連した物語のなかでのロジックを探し求めているのである。(10)

近代性――グローバリゼーションと資本主義

したがって、歴史家たちは、目的論をすべて消去することは不可能であるが、自由や近代化のような壮大な終点を押しつける傾向についての何らかの手がかりを得ることはできる。ヘーゲルが試みたように、世界の歴史を書くことが正当でありかつ必然的である一方で、彼の例が示すのは、みずからの時代を歴史の終着点と捉える危険性である。ヘーゲルによって体系化された自由の包括的な歴史は、一八世紀末に向かってかたちを整え始める。進歩の歴史は、（ヘーゲルがひとつのやり方で、マルクスが別なやり方で、自由と進歩を結びつけたように）一九世紀に向かう。近代化は、（マルクス主義の失敗への反動として）二〇世紀に、グローバリゼーションは、（マルクス主義と近代化論の失敗への反動として）二一世紀に向かっていく。したがって、すべての主要な物語は特定の時代の要素に対する応答なのである。それがある点で実りあるものであることが明らかになった一方で、それらはまた別なかたちで理解を阻むことになった。私たちは物語を手放すことができないが、少なくともその限界を認識することはできる。

したがって、最初の一歩は、歴史が展開する過程では、定められたコースが存在しないという点を認識することにある。たとえ私たちの歴史を物語る試みが、そのような目的論的要素を逆流させることになってでもある。歴史には所与の目的があるわけでもなく、歴史の結末を決定する知的に設計された意匠があるわけでもない。しかし、歴史には方向性がないわけでもないし、地球規模の人口増加、社会的交流や社会的機能の分化を含んだ趨勢は予測可能なものとなる。ひとたび、人口密度、相互交流、分業関係がある水準に達すると、専門化された知の形態や技術発展のための資源が利用可能となる。社会的交流の増加、知の専門化、技術革新によって、個人と社会は時間とその経過に関する意識を自覚化することになり、時間の加速化の感覚に結びついていく。しかし、そうしたプロセスは、目標に向けてまっすぐに飛ぶ矢として考えられるべきではない。標的は存在しないのである。文化は登場しては消え去り、社会的交流や社会的分化は停止することもあれば加速化することもある。領土に対する覇権はその長さにおいてもまちまちで、永続的だったことはない。技術革新は画一的なものではなく、結末においてはなべて積極的な意味をもつものだったわけでもなかった。あらゆる種類の予期せぬ結果が、さまざまな矢の動きにともなっていたのだ。[11]

歴史というものがあらかじめ秩序立てられた目的地をもつものではないので、近代性は問題をはらんだ概念として考えねばならない。たしかに、根本的な変革をもたらす変化がここ三世紀にわたって発生してきた。西欧世界とそのほかの世界で、人びとは共同体や家族からも離脱して経験をおこなうようになった。社会は、権力の超越論的な形態からの自由な領域として創出された。社会的機能は劇的に分化し、技術発展は急激だったので、繰り返し分析の対象となった。しかし、そうした変化は一度に、あらゆるところで同じ方法で発生したわけではない。

近代性は、一連の相互に関連する現在進行形の発展を言い表す手ごろな言葉としてよりも、歴史の目的としてしばしば機能してきた。近代性は、歴史における断絶を意味するのではない。つまり、伝統的ないしは前近代的なものを一方の極とし、近代的なものを他方の極とする分離された領域へと分かつことではないのだ。近代的なものとされる多くの特徴は、何世紀にもわたって異なる場所でリズムを異にしながら発展してきた。「近代性」の使用は、怠慢なる歴史学につながり、そこでは近代性と結びつく特徴を涵養することに失敗したものはすべて、看過され、誤解され、重要でないものとされる傾向にあった。

もしグローバリゼーションが説得力のあるパラダイムへと発展していくのであれば、不可避の終着点として近代性へと針路を取ることは避けねばならない。グローバリゼーションを近代化と密接に結びつける必要性はない。グローバリゼーションは近代化に先行して存在して、ひとつのプロセスとして時代ごとに異なる原因をもち、それらは気候変動(初期人類は氷河期に熱波でアフリカを去ったとする理論家もいる)から宗教(キリスト教、イスラーム教、仏教などの拡大)、征服や交易にいたるまでの原因をもっている。歴史家たちは、グローバリゼーションの過程が、どのようにしてさまざまな時代に作動するのかを示すことによって、グローバリゼーションの理論を洗練させるうえで決定的な役割を果たしている。現在から出発して過去を振り返るのではなく、歴史家たちは過去に始点を置いて、どのようにして多様な選択肢が未来に向けて整序されていくのかを問題にする。このようにして歴史家たちは、目的論の罠から逃れることに成功しているのだ。

歴史家たちはまた、グローバリゼーションと資本主義とのあいだにあるとされる密接な関係性についても疑義を呈するようになっている。モノの交易に焦点を当てた場合でも、グローバリゼーションの初期的な形態が、経済的膨張を推進していくなかでの社会的・文化的要素の重要性を示すことに終わる事例がしばしばある。たとえば、近世世界のグローバリゼーションの限界に関する浩瀚な論文のなかで、経済史家のヤン・ド・フリースは、ヨーロッパとアジアとの大陸間交易に関する概観を提示している。彼は、一五〇〇年から一八〇〇年の間に二五倍の交易の増加を確認する。同じ時期に新世界の植民地からヨーロッパへの輸入品は三倍の価値にも上るものであったが、アジアからの輸入品はそうした貨幣的な価値以上に影響をもつことになった。香辛料、茶、絹織物、陶磁器などアジアからの輸入品は、ド・フリースのいうところの「ヨーロッパ人の新たな消費意欲」を刺激することになった。それに対応して、ヨーロッパ人は、そうした別の地域からもたらされた需要に対して、たとえばカリブ海からのコーヒーと砂糖、またヨーロッパ製の陶磁器と織物を供給するという新たな方策を考案していった。物語は単なる交易のグローバリゼーションではなく、したがって単純なヨーロッパの覇権の物語ではない。経済学者のいうところの「需要の弾力性」の物語となる。(12)

経済学者が需要の弾力性について語るとき、通常は価格の弾力性のことを意味している。つまり、モノに対する需要が価格弾力性を振幅させるのかということである。しかし消費者の欲求は、とりわけ新製品の場合には、供給と需要、価格の相関関係を問題にしているのではない。消費者の需要は、期待を抱かせるものが新たに発見されることで発生する場合もあるからだ。たとえば、タバコは、一六世紀にリスボンのフランス人外交官ジャン・ニコ(「ニコチン」の語源)によってフランスに紹介された。彼はフロリダから持ち帰ったサンプルをポルトガルの自宅の庭に植えた。ニコは、新世界の先住民には医療用に用いられているとの報告を受けていたので、みずからの家人の潰瘍、傷、白癬などを治療することで、それらの効用を確かめることになった。その後、彼はフランス国王にそれを献上して、宮廷で癌腫を患っていたふたりの貴婦人の治療に用いた。消費者は、より嗜好的な利用へと移行していったが、一九世紀半ばまで、鼻ポリープから虫刺されにいたる驚くほど多様な病気の処方箋として用いられ続けた。痔の出血をとめるために、直腸に塗られることもあった。タバコに対する需要が増大したのは、第一には医療薬として機能したからにほかならない。(13)

消費需要は、変化する文化的コンテクストや、そうしたコンテクストが個人の欲求によって決定される過程に注意することによってのみ、説明可能となる。エリカ・モナハンは、近世のダイオウに対する需要の爆発についての素晴らしい分析において、シベリアの中国ダイオウ〔ショウヨウダイオウ〕一プード(三六ポンド)が、一七世紀の一軒の家、一頭の馬、一人の奴隷の三倍の価格であったと計算している。それはモスクワでは価値が五倍となったといわれており、西欧ではさらにそれよりもずっと価値をもったといわれている。彼女は、一七世紀に価値が増大したことの理由として諸要因の結合をあげている。ヨーロッパ人の征服活動が、先住民によって医療用として用いられていたタバコのような、かつては見知らぬ植物の発見につながったこと。植物学のような科学の評価の上昇と大衆化によって、エリートがそうした発見ならびに自宅近くに生えている植物の治癒能力を見いだすことに注目するようになったこと。旅行の増大によってヨーロッパ人の医師たちが、中国ダイオウと接触するようになり、下剤としてヨーロッパ種よりも効用をもつことがわかったこと。下剤がとりわけヨーロッパで重宝されたのは、西洋医学(ならびにイスラーム医学)が何世紀にもわたって、たとえば、洗浄、清め、瀉血などを重視してきたからであり、病気は体液と呼ばれる生命維持に必要な流体の不均衡によって発生すると、医師が信じていたからだった。決定的な要因としての印刷物の広がりが、新たに好まれた治療法の知識をより広範なかたちで流布していった。余剰所得の獲得によって、庶民が地元の薬剤師からそうした治療法を求めることを可能にしていった。モナハンが示しているように、中国ダイオウの利益率を説明するのに、ひとつの要因、あるいは相対的な希少性の観点からだけでは説明できないのである。[14]

モナハンの研究が証明してくれるのは、歴史家がグローバリゼーション理論に貢献できるという点にある。それは、歴史的問題の起源を遡るのではなく、その後の影響を検証する力強い事例となる。タバコやトマトのように、ダイオウは、新世界でコロンブスが発見した植物のひとつであった。ダイオウは、近世のグローバリゼーションにおいて不可欠の役割を果たすことになる。しかしダイオウは、タバコやトマトと違って、その医学的な理解が変化するにしたがい、また新たな下剤が実験室で考案されるにつれて、そのグローバルな重要性が失われていった。その成功と、タバコや穀物と違って大規模な土地に栽培することができないという長期的な観点での失敗は、きわめて短い時間軸でのグローバリゼーションの過程を語ってくれる。

ダイオウがグローバリゼーションに貢献した点についての理解は、次のような事実を知るとより良質のものとなる。ダイオウを購入して摂取することについて、身体を洗浄する必要性について、余剰所得をもつことについて、したがって選択肢を増やすことについて、個人はどのように感じていたのかということである。要するに、一五〇〇年から一八〇〇年までに生きた人びとの心にあったものについて、もっと知る必要があるということだ。この変容を発見するのは簡単ではない。しかし、情動に注意を払う歴史家たちは、より多くのことを発見しつつある。消費者がダイオウを欲したのは、身体の排泄機能を調整するのに役に立つからだった。近世ヨーロッパの人びとは、身体を個別の諸器官として考えるのではなく、熱や冷気、情動などが常に変化していく場所として考えていた。その場所は、もろい均衡を回復するために、瀉血、吸い玉放血、吐瀉、下剤の使用を必要とする(15)。

身体の排泄機能は、医学的、情動的、さらに法的な意味さえもっていた。内科医は、尿の色や質、汗の量などを詳しく検査した。医者も患者も、健康は四つの体液の均衡と関連があると考えていた。

つまり、黒胆汁、黄(または赤)胆汁、血液、粘液である。排泄物の物理的外観は重要な指標であった。情動の均衡は、健康に不可欠のものと考えられた。しかし、均衡は中庸を意味するものではない。それはまた、社会的環境に適切な感情を表出する能力を意味してもいた。体液が適切に循環するように、情動はある人から別の個人へと流れていくべきものとされた。悲しみが大きすぎると、健康にはよろしくない。しかし、少なすぎるとより深刻な問題の兆候となる。一六世紀半ばから一七世紀末までヨーロッパで猖獗を極めた魔女狩りで犠牲となった女性は、しばしば「乾いた」かつ冷酷な女性として描き出された。というのも、裁判において彼女たちは泣き叫ぶことがなかったからだ。涙は法的地位をもっていたのである[16]。

したがって、ダイオウは、自己と社会の交錯する点へと私たちを引き戻してくれる。グローバリゼーションは需要の増大に基礎をおいていたが、社会と自己の変化に注意を払うことによってのみ説明が可能となる。社会と自己との交錯点を研究することは、歴史家にとっての広大かつ未開拓の領域となる。しかし、そうした交錯点を研究することは、実り大きものであることは間違いない。本書の残りの部分では、一八世紀西欧におけるそのような変化について、ひとつの輪郭を描いてみたいと思う。つまり、体液と情動の均衡のとれた状態に方向づけられた身体化された自己から、政治を含む共有された空間への刺激と参加の拡大を求める身体化された自己への移行である。

この移行を示す証拠は、多くの場所で発見できるが、ひとつの場所に集約されてはいない。なぜなら、研究者は、別なところに関心を向けているからである。つまり、新たな生産物の経済的側面であり、それが購入者にとってもつ意味ではなかった。また、民主化の国民国家的次元であり、個人にとっての意味ではなかった。社会が自己を統治することであり、自己が社会的制約に対して対抗することではなかった。個人主義に関する法や思想的概念であり、情動や自己の感覚の身体的表現ではなかった。均衡状態を志向する自己から刺激を求める自己へのこの移行は、医師、哲学者、政治家によって解明される意識的な発展ではない。それを示す証拠は、新しい製品や習慣に関する個人の手紙や回想録から庶民の絵画や彫刻にいたるまでの、直接・間接の史料の組み合わせのなかに求めねばならない。この自己の経験の変化が時代を画する経済的・社会的・政治的影響をもつことを証明しようとしても、ひっくり返してやっと探すことができるような、ごくわずかな領域にしか存在していないのだ。[17]

タバコ、コーヒー、茶などは、この変容にとって不可欠の構成要素だった。タバコと同様に、コーヒーや茶は当初、医療用として賞賛されていた。その消費が、一七世紀末と一八世紀に上流階級から下層階級にまで拡大していくにつれて、快楽的性質と関連した意味を帯びるようになった。一六七五年には、フランスの貴族マリー・ド・セヴィニエは、お気に入りの香水をタバコと比較している。「香水はタバコのように愚かなものです。それに慣れてしまうと、それなしでは生きられません」。彼女の手紙では、コーヒーへの論評が続く。やめようと努力はするのだが、最後にはそれに戻ってくるのだ。一世紀後の一七八〇年代に、フランスの作家ルイ・セバスチャン・メルシエは、コーヒーを飲む習慣が社会的階梯を下降する傾向について述べている。「コーヒーを飲むことが習慣となり、生活に深く根ざしたものとなったので、労働者階級は一日の始まりをそれなしでは済ますことはできないだろう」。英国とオランダの画家や彫刻家たちはコーヒーハウスを描くことが頻繁にあったし、フランスの画家は黒人の使用人や奴隷によってコーヒーを給仕されている女性の肖像画を描くこともあった。カルル・ファン・ローやニコラ・ランクレのようなフランスの芸術家にとっては、コーヒー、女性、快楽は同義となったのだ[18]。

かつては異国情緒にあふれていた、そうした物産は、新たに感じ取られるようになった個人の欲求を、それに呼応して惹起された社会的パターンと結びつける中継地点として機能した。庶民は、タバコ、コーヒー、茶に対する嗜好性を発見し、その嗜好は病気の治療のためというよりは刺激や快楽に結びついていた。しかし、ひとたび上流階級が、かつてはエリートのたしなみと見なされたものに下層階級の人びとが耽っていることを発見すると、新たなかたちでの社会的差別化を始めるようになった。一八世紀にかぎタバコが流行し、上流階級はパイプを用いる下層階級やアメリカ先住民と差別化するようになった。富裕層はコーヒーハウスをひいきにし、他方で、パリのような都市の労働者は路上の売り子の女性から砂糖とミルク入りのコーヒーを手に入れるようになった。他方で、茶は、何よりも女性や家庭内での消費を連想させるようになったが、イングランドでは男性労働者が茶をごくごく飲んでいた[19]。

欲求をもち、決断力をもち、刺激を求める自己が、社会的覚醒の増大とともに成長していった。たとえば、かぎタバコの習慣は社会的差別化を促進したが、個人主義の感覚も涵養した。というのもかぎタバコ愛好者は、タバコをかいだり吸引したりする点では最新の流行に従う一方で、多様な香りや調剤や多数のかぎタバコ入れのなかから選択をしなければならなかったのだ。コーヒー飲料もまた、個人の選択と社会化の新たな形態を促進していった。マリー・ド・セヴィニエは愛娘に対して、コーヒーには砂糖よりもナルボンヌ蜂蜜を用いるように薦めた。しかし、特定のコーヒーハウスに入り浸るようになると、選択がとりわけ問題となった。ウィリアム・ホガースやヘンリー・フィールディングのような芸術家や作家たちは、ロンドンのセント・マーティン街にあるオールド・スローターのコーヒーハウスに出かけた。なかには政治的志向によってコーヒーハウスを選ぶものもいた。ロンドンではトーリー党のための「ココアの木クラブ」、ホイッグ党のための「セント・ジェームズ・クラブ」などがあり、読みたい新聞をおいているコーヒーハウスに通うものもいた。新たな社会的慣行が拡散すると、個人の選択の機会が多様化していったのだ。

ティーハウスはアジアやロシアでのように西欧では人気を博することはなかったが、夏になると一定数の公衆向けのティーガーデンが英国の中産階級の顧客を引きつけた。一七世紀初頭に茶の輸入が増大するにつれて、とりわけ英語圏では、この飲物はあふれんばかりの消費欲求を刺激し、家庭慣行として中流、上流階級に定着していった。喫茶は女性にとって新たな娯楽時間の活動となり、洗練されていることと見なされ始めた。アフタヌーンティーは、しばしば男性を含むことになったからである。中国から来た茶は、カップや皿は言うまでもなく、中国の陶磁器の茶瓶、茶瓶を受ける皿、スプーン容器に対する覚醒をもたらした。ごく一部の富裕層だけにしか手に入らない中国製の陶磁器に対する需要を利用しようとする人物のなかには、英国の製陶業者であるジョサイア・ウェッジウッドがいた。一七六五年に、彼は英国王妃であるシャーロットの注文に応じた。王妃は、ウェッジウッドがクリーム色で開発した磁器「クリーム・ウェア」で「茶道具」の全一式を買い求めたのだった。ウェッジウッドは、この道具一式を「クイーンズ・ウェア」としてヨーロッパ中の貴族や王室に向けて市場に出荷した。その後、この評判を利用して国内の中流層にも晩餐用の食器を売るようになる。

「陶磁器《チャイナ》」を購入する人がどんどん増えて、個人の欲求と社会的野心を表現するようになった。

英語圏世界で喫茶に続いて発生した諸変化は、長期的に考えた場合に驚くべきものがある。茶の影響下に、すべての食事が重要な家庭内での行事となった。食べることはより社会的なものとなり、個人的なものとなった。人びとは今や、ナイフとフォークや手で急いで食事を流し込むのではなく、テーブルに坐って個人の皿で食べるようになった。女性は給仕するために立っているのではなく、テーブルについてほかの家人と食事に加わるようになった。ともに食べることや茶を飲むことは、そうした活動への女性の平等な参加をともなうものとして、文明化や洗練の記号となった。(20)

新聞、雑誌、小説などの新たな形態の印刷物は、実際は茶やコーヒーへの嗜好から成長してきたわけではないとしても、そこから利益を得ることになった。そして、その読書層には女性をも含むことになる。一七一一年創刊の日刊紙『スペクテータ』は、次のような意見を述べている。「こう申し上げてもよかろう。私は、哲学というものを書斎や私室、学校や学寮から引き出して、クラブや集会、茶話会やコーヒーハウスで考えるものにしてきた」。編集人であるジョセフ・アディスンは、具体的に提言している。「私の考えをすべての振る舞い正しき家族に推奨申し上げたい。つまり、お茶とパンとバターのための一時間を取っておくのです。そして、時間通りに配達される本紙を注文され、茶道具一式のひとつとされるように心よりお願い申し上げます」。新たな日刊紙は、新しい人気の飲料にとっての飾り物《アクセサリー》として販売されたのだった。(21)

フランス革命・再論──新しい「身体化された自己」へ

一八世紀に消費は民主化され、それは翻って政治の民主化を促進していく。メリーランド州アナポリスの財産目録の研究が示してくれるように、一七二〇年代の富裕層の所領に最初にティーテーブルが登場して、一七四〇年代には中産階級の所有物となっていき、その後に貧民層に広がっていった。カップと皿も同じ軌道を描くことになる。アメリカ植民地での人気によって、茶は英国当局に対する抵抗の結節点として、単一のものではもっとも有力なものとなっていった。上流階級は依然として社会的な卓越性を維持することを欲してはいたが、その階層秩序を維持するのは難しいと感じていたのは明らかである。[22]

政治の民主化が続いたが、それは庶民がより多くの消費財にアクセスできるようになったからではない。たとえ多くのものが同じ選択をしていたとしても、庶民が消費を通じて、選択がものをいうことを学んだからであった。庶民がタバコや茶を手に取ったのには多くの理由があったが、リストの上位にあったのは刺激だった。とりわけ労働者は、大量のコーヒーや茶を消費した。メルシエは、朝食にコーヒーを摂取すれば、ほかに一日中何もとらなくとも快適に過ごせると主張しているパリの労働者のことを記している。英国では、かなり甘みをつけられた茶が労働者の食事に取って代わった。英国での砂糖の消費は、一八世紀を通じてひとりあたり四ポンドから一八ポンドへと増加していった。[23]

政治の民主化は、一八世紀に自己と社会が相互に強化しあいながら拡大していくことから生じた。

もし刺激を求める自己が均衡状態を志向する自己を徐々に押しのけていこうとするならば、自己と社会の相互作用の仕組みを横断していくことになる。ここでもまたマリー・ド・セヴィニエは、説得力のある事例を提供してくれよう。彼女は、変化の最先端を生きていたのである。彼女は、コーヒーが身体の均衡状態に与える影響と、(彼女自身、彼女の娘、彼女の友人のあいだで)繰り返し発生するコーヒーへの欲求とのあいだをうまく切り抜けようとしていた。一六七九年一一月、娘に対して、コーヒーは血液に熱を与え刺激するので、愛する娘のか弱い身体にはよろしくないと主張していた。しかし、一六九四年四月には、コーヒーは「私にとって何事に対しても慰めとなります[彼女は下剤を用いる心構えでいた]。あなたの気持ちがよくわかります」と娘に書き記している。二つの異なる解釈をする自己が、セヴィニエのなかで相互に緊張関係にあったのだ。[24]

コーヒーハウスは、別なかたちでの自己と社会の相互作用をもたらした。そして公共の空間であるがゆえに、コーヒーハウスは直接的な政治的影響をもった。逆説的ではあるが、英国人が家庭での茶の習慣を国民的なアイデンティティと結びつけたように、コーヒーハウスも、イングランド、スコットランド、アイルランドで繁盛し、コーヒーと祝祭、新聞、政治を結びつけることになった。コーヒーハウスは一六五〇年代のイングランドに始まり、一六六〇年代にはアイルランド、一六七〇年代にはスコットランドへと普及していった。女性はそこを頻繁に訪問して、みずからがコーヒーハウスを所有することもあった。コーヒーハウスは、新たな欲求をもつ市民と同義語となっていった。なぜなら、その影響はその後に西欧全体で拡大していったからである。最初のカフェが一六七〇年代にパリに登場すると、一六八〇年代にはウィーンに、一七二〇年代にはベルリンに登場した。[25]

コーヒーハウスは、科学や文芸、とりわけ、政治的議論の主催者となった。その時々のパンフレット、諷刺画のビラ、新聞などが店におかれていた。コーヒーハウスが政治的討議の温度を設定したのは明らかであって、ヨーロッパの諸政府は密かに諜報員を送り、何がそこで論じられているかを報告させたほどである。一六七五年に英国のチャールズ二世は、コーヒーハウスを弾圧しようとし、また王の政治顧問はニュースの流通をも制限しようとしたが、双方とも失敗に終わる。一八世紀初頭には、警察がフランス国王のルイ一四世に報告を送っている。民衆的なキャバレーは、危険はないものの、「カフェでは、不満分子によって政治が語られ、国策が誤って論じられております」。ルイの後継者は、さらにカフェを恐れた。ヴォルテール、ルソー、ディドロなどをふくむ一八世紀啓蒙の主導的な人物は、お気に入りのカフェで友人と会い、哲学を論じ、チェスに興じたのである。一七八九年七月一二日、若きジャーナリスト、カミーユ・デムーランは、パリのパレ・ロワイヤルのカフェのテーブルに飛び乗り、聴衆に向かって自由を守るために武器を執るよう訴えた。このようにして、最終的にコーヒーが革命へとつながったと言えるだろう(26)。

しかし、革命が発生したのは、一連の中間的段階を経てのことであった。一八世紀には、タバコ、コーヒー、茶は広範に手に入るようになっていた。たとえば、コーヒーの消費は、最初、ジャワやスリナムなどオランダ植民地での、ついでカリブ海諸島のフランス植民地でのコーヒー栽培のおかげで、一七〇〇年から一八〇〇年にかけて二〇〇倍にもなった。そうした物産への嗜好が発達したのは、なぜなのだろうか。冒険を論じる書物やパンフレットの激増に見られるように、新世界、中東、アジアなどとのヨーロッパ人の接触の拡大が一定の役割を果たしたことは、間違いなかろう。しかし、そこから必然的に新たな消費のパターンが続いたわけではない。供給の増加によって価格は下がったが、もし消費者が新しい物産への嗜好を発達させなければ、供給は増加しなかったであろう。彼らがそうしたのには理由がある。人びとは刺激や新規性、個人の選択を求め、また市場、教会、家族の外の空間で会合するのを選択するようになったからだった。自己の経験が変化するにつれて、嗜好も変化した。嗜好と自己が変化するにつれて、社会の展望も変化した。新たな自己と新たな社会的外観のどちらが先なのかを見分けることはできないが、双方とも生起するべくしてのことであった。人びとは新たな選択をすることを学んだ。だが同時に、社会の構成はより多様化して、個人の選択により多くの領域を提供するようになった[27]。

要するに、自己の領域と社会の領域はともに拡大していったのだ。新たなエネルギーが、情動を帯びた個人のあいだの相互作用の空間に解放されていった。フーコーは権力を、通常は制度や実践のなかに表出される、あらゆる生産的エネルギーの源泉として位置づける。私はフーコーとは違って、個人の心が他者に関与して、その過程で、社会として知られる実践や理解の集合的で間主観的な領域を創出する空間に、権力を見いだす。個人の期待や行動をかたちづくる社会的慣習は、そうした個人のあいだの空間で作動するのだ。しかし、そうした社会的慣習を解釈し、それを組み込み、ときにそれらに抵抗し、ときにそれらから選択をおこなっているにすぎない個人も、同じ空間で活動をしている。自己と社会の領域が拡大するにつれて、コーヒーを飲むこと、コーヒーハウスに陣取ること、統治者の政策に不満を述べることのような期待と行動様式の展望も拡大した。革命は、ますます自律的で自己決定権をもち刺激を求めるようになった自己と、ますます自律性を増し要求を掲げるようになった社会とのあいだの相互作用から生まれ出たものである。[28]

　情動的エネルギーは、普遍定数のように固定化されたものではない。自己と社会の領域が緊張と軋轢をはらみながらともに拡大するにつれて、情動的エネルギーはここ数世紀に西欧世界で劇的に増加してきた。民主政治ないしは代議制政治はエネルギーの増大のもたらした重要な結果のひとつであり、同時に継続的なエネルギー増加のための促進剤でもあった。民主主義が想像可能となるのは、大多数の個人が権利を主張して、社会が君主制や貴族の統治者に抗する権利を主張する、つまり自己と社会が主張の領域を拡大したときのみであった。個人の自律性や政治参加の権利と、すべての統治の基盤にある社会契約の主張は、一六世紀以降、相互に交錯しながら発展していった。

　政治参加の民主的な形態の勃興という物語は、これまで数え切れないほど語られてきた。だが、そうした解釈が見逃してきたのは、その過程を生み出し反応を増大させてきた情動への関心であった。権利を主張することは、個人の側であろうとも、社会の側であろうとも、活動のための新たな空間とそこで発生する新たな活動に対する意味づけとを必要とするようになった。そうした活動や創出された意味は、個人や社会の地位を高めていくことになった。一定の権利(たとえば、「すべての人間《マン》」にとっての政治参加)を主張することは、ほとんど間違いなくほかの権利(たとえば、財産のないもの、宗教的マイノリティ、女性の政治的権利)を生み出すようになった。このプロセスは螺旋状に、より多くの人を引き込みながら、さらに多くのエネルギーを醸成していった。

　この民主主義的なスパイラルの出現に関する証拠は、一六世紀から見られる(たぶん、もっと古くまで遡れるだろう)。しかし、フランス革命は、とりわけて印象的な事例を提供してくれよう。なぜなら、そのときに生み出されたエネルギーは、多くの観察者に活き活きとした印象を与えることになったからである。言うまでもなく、ある種の観測器で個人間ないしは社会的なエネルギーを測定することはできない。しかし、一七八九年の出来事を目撃したものは、例外的な何かが発生しているのを目の当たりにしていた。アイルランド系英国人のエドモンド・バークは、勃興しつつある反動的な保守主義を代弁したことにより、最も先見の明のある、かつ継続的な影響力をもつ人物のひとりとなった。彼は一七九〇年にこう言明している。「あらゆる事情を勘案してみると、これまで世界で起きた事件のなかで、フランス革命ほどに驚愕すべきものはかつてありませんでした。軽率と残忍、ありとあらゆる犯罪にありとあらゆる愚行をつき混ぜた、このえもいわれぬ混沌のなかで、まともなものは何ひとつ見当たりません(29)」。バークは、新たなエネルギーの爆発が全生活様式を変容させることになると感じていたのだ。

バークが特に注目したのは、一七八九年一〇月の女性たちのヴェルサイユ行進であった。一〇月事件と呼ばれるこの出来事は、パンの価格について不満を述べる女性たちによる典型的な一八世紀の食糧暴動として始まった。だが、それははるかに影響力をもつものにすぐに変容していった。男性も暴動に参加して、みなパリ郊外にある国家権力の中心に向けて行進した。バークはこの事件を叙述して、とりわけパリに国王と王妃を帰還させる練り行進を毒々しい言葉で描いている。「虜囚となった王族は、そのあとに一列になってゆっくりと動いていくのです。それを取り囲むのは、恐ろしい阿鼻叫喚、金切り声、狂気の踊り、恥知らずの罵詈雑言、そして下劣極まる女どもの汚れた姿をした地獄の狂気の女神の、口にすることさえ忌まわしいありとあらゆる事どもです」。しかし、バークでさえわかっていたのは、女性が熱狂して発作的に起こったと思われていたそうした光景が、完全に新しい世界を予感させるものだったということである。そこでは、打算が騎士道精神にとって代わり、国王や王妃が庶民と何ら変わらないということになり、バークが悪意をもって「豚のような大衆」と呼んだものたちが政府の正当性の根拠になるということであった(30)。

怒濤のごとく力を増し続ける群衆の行動のなかで、君主と三部会、そして究極的には君主制それ自体が、人民の具体化された意志のまえに頭《こうべ》をたれなければならなかった。そうした日々の行為、つまり公的な問題へのよりいっそうの発言を求める身体化された自己の活動は、政府内での権力関係の質をも変えて、社会関係におけるより急進的な変革に道を開くことになった。極度の恐怖と愉悦の連続が、何百万という個人の身体に触れることになり、パンフレット、新聞、歌、諷刺画、ビラなどが激増していった。新たなエネルギーは政治的議論に油を注ぎ、クラブのような政治的動員の場が登場することになった。政治新聞、クラブ、立法府での党員集会、地元での選挙演説のすべてが、そうしたエネルギーを栄養分として、それらのエネルギーを回路づけ、同時に規律化さえもした。集団として行動する個人が既存の権力地図を消去するにつれて、多様な政治秩序が登場したのである。

バークが恐怖を経験した一方で、彼の同時代人は積極的な意味での衝撃を受けることになった。英国の詩人ロバート・サウジーは、友人への手紙のなかで自分が抱いた印象をこう描写している。「「私たちには、」なんという幻想的な世界が開かれていたことでしょう。……人類の再生のほかには何も夢見ることはなかったのです」。サウジーがサミュエル・テイラー・コールリッジ宛の手紙で書いた「革命という絶頂《オーガズム》」というのは、印象的な身体的メタファーであることは間違いない。だが、彼がそれによって何を意味したかは定かでない。この時代の英国の詩人、宗教的・政治的急進派、そして科学者までもが、個人の諸関係、民主主義の理念、ある場合には、幻覚を起こさせるガスと詩的な様式についての実験を、慎重に始めていたのである。彼らは個人的ならびに政治的対立に直面することもあったが、情動の深みと新たな政治的形態の高みの開拓者をもって自任することに喜びを感じていた。[31]

たとえば、科学者のハンフリー・デイヴィが実験室で亜酸化窒素〔笑気ガス〕を分離させたとき、彼は当初、のちに利用されるような鎮痛剤として用いたわけではなかった。彼とその友人、そのなかにはサウジー、コールリッジ、製陶業者の家系のトム・ウェッジウッド、蒸気機関の発明者の末息子のグレゴリー・ワットがいたが、感覚を高める薬剤として用いていた。デイヴィは、実験ノートに記している。それは、彼に「胸や四肢に感情の高まりを与え、躍動的な思考と同時に、高度に享楽的な印象が認識され、聴覚は鋭敏なものとなり、全般的な快楽の感情が存在を飲み込んでしまいそうだった」という。[32] 明らかに刺激を求める自己が作動していたのである。

彼らの共通の友人であったウィリアム・ワズワースのように、彼ら若者の多くは、当初の民主主義的な熱狂に対してはのちに後悔の念を示している。だが、彼らの経験はまた、現在では一般的にはロマン主義の名称で知られている永続的な影響をもつことになった。彼らは、同じ趣味をもつ仲間内での個人の探究を、新たな詩の様式と結びつけた。一八〇一年に友人デイヴィに向けて、ワットは新たなる詩の朗読の効果を書き記している。「魔法の文字が彼を包み込み、彼は無意識のうちに高揚感の輪のなかに入り込む。彼の感覚は徐々に愉楽の迷路のなかを彷徨い歩く。後ずさりすることもできず、しきりに彼はさらに深く前へと進みゆく。それは、この朗読の終わり、つまり魅惑の宵からさめるまで続く。やがて彼には、ぼんやりとした快楽の記憶だけが残されるのである」[33]。

そうした、さまざまな経験や出来事は身体に衝撃を与え、自己、社会、政治をめぐる新たな思考や概念へと翻訳されていった。民主主義的参加の可能性、自己の深み、ロマン主義詩人の昂揚した個人経験の重視、これらは、すべてそれ以前の言説や規律実践に起源をもっていた。しかし、そうした言説や実践では、完全にそれらを説明することはできない。経験と出来事は予期される限界を突破することがある。これによって、個人が成長し、社会が変化して、新たな政治が発達したのである。

フランス革命は、権力が新たな規律戦略を生み出し、新たな社会的行動様式を動員することになるというフーコー的な枠組みでは、説明することはできない。フランス革命での次から次に生じる出来事のなかでは、因果関係が逆転している。新たな種類の個人と社会的行動様式が、権力と規律の新たな戦略の条件を創出している。重大な出来事を構成する因果関係の化学反応のなかで、諸個人間の相互作用は、かつては想像できなかった形態を取るようになる。フランス革命は、フーコー自身の解釈の表面下にも、常に潜んでいる。というのも彼は、多くの規律実践の起源を一八世紀末から一九世紀初頭に求めているからだ。しかし、フーコーは革命に積極的な役割を与えることはなかった。ここでのフーコーは、彼の思想的な導き手であるフリードリッヒ・ニーチェの範にならっている。ニーチェは、フランス革命を近代生活のなかで最も卑しいもの、つまり彼が民主政治と結びつける家畜の群れのような心性の勝利と見なしていた。これに対して私は、フランス革命を、どのようにして庶民のエネルギーが、重大事件の触媒となりうるのか、逆にそうした事件によって変容させられるのかを示す事例と見なす[34]。

自己と社会の相乗効果をともなった発達は、必然的に自由と規律とのあいだの絶え間ない主導権争いを含むことになる。フーコーはみずからの関心のすべてを規律に対して注ぎ、自由を単なる副産物の類いと見なした。結局のところ、もし自由が取り除くことのできるような根本的な価値をもつとすれば、監獄はひとつの制度としてのみ機能しうる。フーコーはこの緊張関係にはほとんど関心を払わずに、規律がどのように機能するかに関心を集中した。しかし、監獄でさえ、自己と社会を活性化することになる、拡大を続ける情動的エネルギーの産物であった。

　裁判と刑罰を待つ人を収容するためにも、何らかのかたちでの収監行為は常に存在してきた。だが、投獄は、一六世紀以降に新たな形態を取ることになった。その当時、英国やオランダの地方自治体、ドイツ北部の諸都市は、浮浪者、乞食、債務者などのやっかいな問題を抱える個人を労役所に閉じ込め始めた。そうした手に負えない個人を規律化する新たな試みは、無規律が問題として拡大していると認識されない場合は、決して登場することはない。家族もまた、家族の名誉を汚す構成員を収容するために、そのような施設を利用した。しかし、そのような決定の背後には、諸個人が、家族の統制の限界を見極めようとしている、つまり、個人の自律性への要求を増大させようとしているのを見てとることができる[35]。

　しかし、収監は、滅多に犯罪に対する刑罰として機能することはなかった。刑罰は、一八世紀には身体刑のかたちをとっていた。つまり、晒し台、鞭打ち、焼き印、ガレー船での強制労働、海外植民地への流刑である。車裂きによる死刑はいうまでもない。一八世紀の当局が身体的な苦痛を与える公開処刑から撤退するにしたがって、そうした刑罰のほとんどは使われなくなる。刑罰の装置としての監獄が取って代わったのだ。フーコーは、この発展のなかに権力の邪悪な側面の登場を見てとった。なぜなら、そこでは、監視や分類、反復の強制が、個人の統制と改造のために用いられていたからである。だが、当時の改革派は、個人への配慮を示す、より合理的で人間的な刑罰の方法を導入していると考えていた(36)。

それらの立場のどちらを選択しようとも、物語はより逆説的なものにみえるだろう。その逆説は自己と社会との緊張関係から創出される。一方では、世論は個人の尊厳を脅かすことになる国家による野蛮な身体刑に反対するであろう。神聖性は、かつてはイエスの血と身体の管理人としての教会に、また世俗社会のなかではひとりの国王の身体に結びつけられていたが、すべての身体に拡散され、等しく神聖で不可侵なものとされるようになった。刑罰は、個人としての自己に対する侵害を含むことはできなくなった。他方で、犯罪が共同体ではなく個人に対する攻撃と見なされるようになったので、共同体の儀式によって償うことはできなくなった。地方自治体や家族は、徐々に無法者を排除する特権を失っていったが、政府は身体に焼き印を押したり、ガレー船や強制労働に彼らを送ったりするよりも、犯罪者を閉じ込めることに方針を転換した(37)。

個人が神聖なものとすれば、監獄であれ、精神病院であれ、なぜ社会から排除されるものが存在するのだろうか。監獄が犯罪者を社会から排除したのは、少なくとも理論上は社会への再統合に向けて更生させるためであった。監獄は、誰かを永遠に異質なものとして刻印する焼き印や、文字通り囚人を本国社会から除去する植民地への流刑とは異なる解決法を提供した。同じく、精神病院は、フーコーが論じるように完全な排除ではなく、治療を通じて精神障害者を社会へと統合していく手段と見なしうる。こうした包摂の試みの底流には、個人の神聖不可侵性だけではなく本質的な同質性がある。監獄と精神病院は、犯罪者や精神障害者がほかの人と変わりはないという確信から生まれたものである。それらは、新たな民主的な包摂の記号となった。いうまでもなく、それらは決して完全には達成されることはなかったが、それにもかかわらずその記号となったのだ[38]。

したがって、自己と社会がその領域を拡大するにつれて、常に個人の自由に向けて拍車がかけられて来たのである。犯罪者の刑罰の場合には、身体刑から施設としての監獄へと、別な方向に規律は進んでいった。しかし、個人の成員が行動の自由に科せられた制限に反対し、逃走し、力ずくで抵抗すると、常に規律は限界にぶつかった。究極の逆説として、独房収監は、悪臭を放つ集団留置場ではなく、通気のよい個別房に囚人を収容しようとする改良主義者の熱意によって可能となったのだが、最も残虐な規律実践となった。個人間のコミュニケーションがなければ、最もちっぽけで最も統制された自由でさえ、生み出される余地はなかった。自由が意味をもつのは、他者が関与したときのみなのだ。

過去数世紀にわたる情動的エネルギーの全般的増大は、資本主義の拡大にのみ原因を求めることはできない。資本主義システムは、概して従属的な労働者を基盤にして繁栄する。よりよい労働条件や普通選挙権を要求するよう教え込まれた労働者によってではないのだ。〔一方で〕自己と社会の領域の拡大は、資本主義の拡大に火をつけたように思われる。つまり、個人の自由をいっそう希求する人びとは、都市に移動したり、新しい職種の獲得を視野に入れる傾向があったからだ。いずれにせよ、資本主義や近代化についての議論には同義反復が忍び込んでくる。何事が起ころうとも、それはその時代に資本主義が必要としたにすぎないということで片がついてしまう。

むしろ私がここで採用したい解釈とは、精神分析学的で、社会的で、ヨーロッパ内部とグローバルな要素とを結合したものである。だが、それらのどれにも特権を与えるものではない。一六世紀において、プロテスタント宗教改革は、個人の良心と意志決定に新たな空間を開くことになった。同時に、それは家族内での聖書の講読や敬虔な信仰のような新しい個人の規律を求めるものであった。そうした権力の新たな配置がひとたび顕在化すれば、重要な修正はあれ、それらはカトリックによっても取り入れられていった。同じ頃、ヨーロッパ人による地球規模の航海は、新たな物産や非キリスト教社会の知識をヨーロッパへともたらした。間歇的に前進していく非常に緩慢なかたちではあるが、個人はみずからで意志決定を始め、チョコレート、茶、コーヒー、砂糖などの新たな刺激物へと接近していった。刺激物の利用は、コーヒーハウスのような新たな社会組織の設立を促進し、翻ってそれらが、新聞を育成して激増させ、公共の問題についての議論を激化させていった。このようにして、自己と社会の拡大による民主主義のスパイラルは始動していった。ヨーロッパ内部の要因は、グローバルな要因と互いに影響し合った。個人の選択と経験は、新たな社会組織を促進し、逆にそれらは個人の選択と経験に影響を与えていった。自由と規律の双方が、拡大していったのである。[39]

近世のグローバリゼーションは、この物語の重要な一部となる。しかし、グローバリゼーションが相互の接続だけではなく相互の依存関係を意味している点を念頭におかないならば、それ自体ではほとんど何も説明していないことになる。グローバリゼーションは緩慢なかたちで発達したが、それは新たな個人の嗜好と文化慣行の産物であると同時に、それらの促進物であった。ヨーロッパ人は異国情緒あふれた物産に晒されるとすぐに、それらのモノを欲したのではなかった。それらに対する嗜好を獲得する必要があった。要するに、それを理解する個人的な志向性と文化を涵養する必要があったのである。ヨーロッパ人は、コーヒーであろうとも、非ヨーロッパの宗教慣行であろうとも、最初は軽蔑と恐れさえもって反応した。英国人女性を装ったコーヒーに反対するある請願書は、一六七四年に次のように疑問を呈している。なぜ男性たちは「ごく少量の、不純で、黒く、濁った、汚らしい、苦味のある、悪臭を放つ、吐き気をもよおすような泥水に、時間を費したり、顎を火傷させたり、金銭を浪費したりしているのだろうか」(40)と。

自己と社会がどのように拡大していったか、またその拡大がグローバリゼーションや生活様式としての民主主義にどのように関連しているのかを説明するためには、多くの研究がなされねばならない。多様な文化研究は、それらの問題に関して多くを語っている。また、経済史から神経史学にいたるまで多くの別の形態の研究もそうである。グローバル時代における歴史叙述とは、さまざまなタイプのアプローチのあいだのことであろうとも、世界の多様な地域出身の研究者のあいだのことであろうとも、協同作業による研究の形態としてのみ存在しうる。それは、歴史家たちが相互につながっているだけではなく、相互に依存しているからなのである。

訳者あとがき

グローバル時代に求められる歴史叙述のあり方とは、どのようなものなのだろうか。変化のただなかにある歴史家の多くは、現実の動きに翻弄されがちで、その方向性を見定めることがなかなか難しい。だが、そうした問いに対する解答のヒントを与えてくれる書物が刊行された。まさに『グローバル時代の歴史叙述』という題名をもつ、リン・ハントの著作 Lynn Hunt, *Writing History in the Global Era* (New York : W.W. Norton, 2014)であり、本書はその全訳である。著者であるリン・ハントは、一九四五年生まれ、アメリカ歴史学会会長職などを歴任して、現在はカリフォルニア大学ロサンゼルス校の名誉教授である。これまで多岐にわたる著作を発表してきているが、日本語で読める訳書には、以下のものがある。

単著
松浦義弘訳『フランス革命の政治文化』(原著一九八四年)平凡社、一九八九年。
西川長夫ほか訳『フランス革命と家族ロマンス』(原著一九九二年)平凡社、一九九九年。
松浦義弘訳『人権を創造する』(原著二〇〇七年)岩波書店、二〇一一年。

編著
筒井清忠訳『文化の新しい歴史学』(原著一九八九年)岩波書店、一九九三年。
正岡和恵ほか訳『ポルノグラフィの発明』(原著一九九三年)ありな書房、二〇〇二年。

本書のなかでも触れられているとおり、歴史家としてのハントの歩みは、フランス革命史を専門とすることから始まり、言語や表象などに焦点を当てフランス革命に対する政治文化論的アプローチを進めてきた。デビュー作品の『フランス革命の政治文化』は、言語論的転回をいち早く歴史分析に応用した意欲作である。『フランス革命と家族ロマンス』は、家族の表象から革命を読み解く文化史の著作であり、現在はグローバルな視座のなかでの革命の意義を再定義する試みをおこなっている(たとえば、with Suzanne Desan and William Max Nelson, eds., *The French Revolution in Global Perspective*, Cornell University Press, 2013)。また、常に歴史学の理論的・方法論的革新を意識しながら探究を進めてきた気鋭の歴史家としても知られている(たとえば、with Victoria Bonnell, eds., *Beyond the Cultural Turn*, University of California Press, 1999)。

このハントの背後にあるアメリカ歴史学界は、アナール学派の相対的地位が低下するなか、世界の歴史学を牽引しつつあり、いわば現代歴史学の中心に位置している。そのアメリカの代表的な歴史学の雑誌『アメリカ歴史評論』*American Historical Review* では、二〇一二年に現代歴史学の「転回」をめぐる総括的検討がおこなわれている。ここでの「転回」とは、一九七〇年代以降に生じてきた、言語論的転回、文化論的転回、空間論的転回などの従来の歴史記述に対する再考の動き全体を指すものである。歴史叙述の構築性、文化史の台頭、個人史(主体)の復権、国民国家の相対化など、私たちが目にしてきた現代歴史学の諸主題は、すべてこの「転回」の一環と見なすことができる。それはまた、本書の各章を構成する主題ともなっており、本書がこうした「転回」以降の歴史研究の総括を受けて、現代歴史学の全体像を提出する試みであることを示すものとなる。

*

ハントによれば、現代の歴史学は、危機の時代ないしは不確実性の時代を迎えている。この危機や不確実性は、言語論的転回以降の歴史学の自己省察の結果、歴史学の目的それ自体が揺らいでいることによる。すなわち、現代歴史学の状況は、既存の四つのパラダイム(マルクス主義、近代化論、アナール学派、アイデンティティの政治)を批判してきた文化理論に基づく歴史学(文化論的転回)が活力を喪失しており、有効なパラダイムとしての代案を提示できないままに、グローバル・ヒストリーだけが「大きな物語」の座を独占することになっている。このグローバル・ヒストリーは、その多くが文化論的転回以降の歴史学の成果を継承することもなく、経済決定論的アプローチを用いたトップダウン的視点からおこなわれているという。それに対して、ハントは「下からの(ボトムアップな)」グローバル・ヒストリーを提唱しており、それは、トップダウン型の理論構築への志向性と断片化した個別実証研究との「中間路線」をとるものとされる。

他方で、ハントは、「自己」と「社会」との関係の再検討へと向かう。社会の構成的な起点として個人の主体性を位置づけることは、これまでもなされてきたところである。だが、「転回」以降の歴史学は、「自己」へと主体の内面に深化していく方向性をとっている。いわゆる「ディープ・ヒストリー」と呼ばれるものは、人間の心理的次元からの歴史の巨視的な把握であり、ハントは、この「自己」をディープに探求するために心理学・神経科学・認知科学などを含む周辺諸科学との対話を進めるべきだとする。たしかに、そうした諸領域との交流から感情史などの新分野が台頭してきているが、こうした歴史学の「神経科学的転回」に対しては、主としてヨーロッパの社会史研究者から強力な批判が沸き起こっている。それは、神経科学などの提示する人間観が、フロイト的伝統をもその系譜にふくむ啓蒙主義以降の人間観を根本から否定しているとされるからである。

このように現代歴史学は、グローバル・ヒストリーというかたちで「大きな物語」を再構築しつつ、他方で、ディープ・ヒストリーという人間の内面へと沈潜していく方向性を示しており、トップとボトムの双方へのベクトルをもっている。最終章でハントは、こうした現代歴史学の状況全体を受けて、近代化の問題(あるいは、「封建制から資本主義への移行」、今日的には「近世化」だろうか)、つまり、近世のグローバル化からフランス革命までの歴史に対して、ひとつの試論を提供している。ここでハントによって提示された歴史像は、ある面では、やや物足りなさを感じるかもしれない。しかし全体としてみれば、膨大な数におよぶ歴史研究の動向を押さえつつ、ひとつの書にまとめあげた著者の力量には感服せざるをえないところがある。とりわけ、普遍的なグローバル化の傾向が、同時にナショナルなものの凝集化をもたらしその連鎖が多様性を形成していくというパラドクスについての第二章での指摘は、歴史叙述のあり方を含めて「近代的なもの」や「特殊日本的なもの」の把握にこだわってきた日本の歴史研究者には示唆的であろう。

＊

翻訳にあたっては、原文に忠実な日本語訳を心がけたが、多方面にわたる研究動向をコンパクトにまとめあげるという本書の性格にも規定されて、若干内容を把握するのに困難を覚える個所もあった。そうした場合には、適宜、〔　〕などで文意を補った。また読者に読みやすいように小見出しをつけるなどした。本書は訳者による単独の訳となっているが、実際のところは、多くの人びととの協同作業の賜物である。北海道大学の大学院ならびに学部の演習にて原書を講読して下訳となるものを作成したが、演習に参加してくれた院生諸氏ならびに学生諸君は訳文や本書の内容をめぐって忌憚のない意見を寄せてくれた。また「心の哲学」を専門とする同僚の山田友幸先生は、お忙しいなか貴重な時間を割いて訳文を見ていただき、認知科学に関する知見を御教示くださった。岩波書店の杉田守康さんは、企画段階から文字通り二人三脚でお付き合いくださり、最終段階では訳語についての貴重な示唆もいただいた。これらすべての人びとに感謝しつつ、本書が現代歴史学のあり方をめぐっての議論のひとつの素材となってくれれば、訳者としてはこのうえない喜びである。

二〇一六年九月

長谷川貴彦

リン・ハント（Lynn Hunt）
1945年生まれ．現在，カリフォルニア大学ロサンゼルス校名誉教授．
著書に『人権を創造する』(松浦義弘訳，岩波書店)，『フランス革命の政治文化』(松浦義弘訳，平凡社)，『フランス革命と家族ロマンス』(西川長夫・平野千果子・天野知恵子訳，平凡社)，編著に『文化の新しい歴史学』(筒井清忠訳，岩波書店)など．

長谷川貴彦
1963年生まれ．現在，北海道大学大学院文学研究院教授．専門は近代イギリス史，歴史理論．
著書に『現代歴史学への展望』(岩波書店)，『イギリス福祉国家の歴史的源流』(東京大学出版会)，『産業革命』(山川出版社)，訳書にP. バーク『文化史とは何か』(法政大学出版局)，G. ステッドマン・ジョーンズ『階級という言語』(刀水書房)など．

グローバル時代の歴史学　リン・ハント

2016年10月19日　第1刷発行
2021年12月 6 日　第2刷発行

訳　者　長谷川貴彦《はせがわたかひこ》

発行者　坂本政謙

発行所　株式会社 岩波書店
〒101-8002 東京都千代田区一ツ橋 2-5-5
電話案内 03-5210-4000
https://www.iwanami.co.jp/

印刷・法令印刷　カバー・半七印刷　製本・牧製本

ISBN 978-4-00-022640-0　　Printed in Japan

索　引
（人名・組織名）

ア　行

カ　行

サ　行

タ　行

ナ　行

ハ　行

マ　行

ヤ　行

ラ　行

ワ　行

注

序　論

(1)　*A Catalogue of the Officers and Students of Harvard College for the Academical Year 1852–53. Second Term*, 2nd ed.(Cambridge, MA: John Bartlett, 1853), p. 41(このカタログでは，ウースターの『歴史と地理学の諸要素』の完全な書誌情報を示さずに引用している).

(2)　*The Study of History in Secondary Schools: Report to the American Historical Association*(New York: Macmillan, 1911), pp. 50–51.

(3)　"National Assessment of Adult Literacy," Institute of EducationSciences, National Center for Education Statistics, U.S. Department of Education, at http://nces.ed.gov/naal/lit_history.asp(accessed November 4, 2013).

(4)　合衆国上院の法案に関しては，以下を参照．http://www.gpo.gov/fdsys/pkg/BILLS-111s659is/html/BILLS-111s659is.htm(accessed November 4, 2013).

(5)　ウクライナの改革案に関しては，以下に引用されている．Catherine Wanner, *Burden of Dreams: History and Identity in Post-Soviet Ukraine*(University Park, PA: Penn State University Press, 1998), p. 82. タラス・シェフチェンコ記念キエフ国立大学で教えられている課程の題目は，以下からとっている．http://www.history.univ.kiev.ua/en/faculty/history-faculty.html(accessed November 4, 2013).

(6)　2001–2002 年度の合衆国の歴史学部の数値については，以下を典拠とする．Robert B. Townsend, "State of the History Department: The AHA Annual Department Survey 2001–02," *Perspectives on History*, April 2004, インターネットでも閲覧可能，https://www.historians.org/publications-and-directories/perspectives-on-history/april-2004/state-of-the-history-department-the-aha-

annual-department-survey-2001-02(accessed November 4, 2013). ヨーロッパの数値はゆっくりと減少しているが，非ヨーロッパ世界の数値は増大している．その一方で，合衆国史に関してはほぼ同数である．典拠は以下のものとなる．Robert Townsend, “Decline of the West or Rise of the Rest? Data from 2010 Shows Rebalancing of Field Coverage in Departments,” *Perspectives on History*, September 2011, インターネット上で閲覧可能，https://www.historians.org/publications-and-directories/perspectives-on-history/september-2011/decline-of-the-west-or-the-rise-of-the-rest(accessed November 4, 2013). この数値からは，博士号取得者と研究員は除外してある．ヨーロッパの数値は，以下の書に見受けられる．Peter Baldwin, “Smug Britannia: The Dominance of (the)English in Current History Writing and Its Pathologies,” *Contemporary European History* 20, Special Issue 3(2011): 351–366. デリー大学に関しては，以下を参照，http://www.du.ac.in/index.php?id=437&L=0(consulted August 3, 2012). しかし，北京大学のウェブサイトは，デリー大学のものに比べて，具体的な数字をあげていない．それは，身分を書いていないし，少なくともひとつの事例では，最近 90 歳で亡くなった歴史家を掲載していた．以下を参照，http://web5.pku.edu.cn/en/history/Faculty/(consulted August 3, 2012). オーストラリア国立大学に関しては，以下を参照，http://history.cass.anu.edu.au/people(consulted August 25, 2012).

(7) Table 213, “Enrollment Rates of 18- to 24-Year-Olds in Degree-Granting Institutions, by Level of Institution and Sex and Race/Ethnicity of Student: 1967 through 2010,” *Digest of Education Statistics*, Institute of Education Sciences, National Center for Education Statistics, U.S. Department of Education, 閲覧可能，https://nces.ed.gov/programs/digest/d11/tables/dt11_213.asp(accessed November 4, 2013).

(8) Rajnarayan Chandavarkar, “ ‘The Making of the Working Class’ : E. P. Thompson and Indian History,” *History Workshop Journal* 43(Spring, 1997): 177–196, quote from p. 177.

(9) そうした問題は，以下でかなり詳細に論じられている．Joyce Appleby, Lynn Hunt, and Margaret Jacob, *Telling the Truth about History*(New York: W. W. Norton, 1994).

(10) Max Weber, *The Theory of Social and Economic Organization*, ed. Talcott

Parsons (New York: Free Press, 1964).

第一章

(1) Thomas Kuhn, *The Structure of Scientific Revolutions* (Chicago: University of Chicago Press, 1962)〔中山茂訳『科学革命の構造』みすず書房, 1971年〕. たとえば, 以下を参照, Joseph F. Musser, "The Perils of Relying on Thomas Kuhn," *Eighteenth-Century Studies* 18 (Winter, 1984–1985): 215–226. パラダイムと転回との対立に関する議論は, 以下を参照, Doris Bachmann-Medick, *Cultural Turns: Neuorientierungen in den Kulturwissenschaften* (Reinbek bei Hamburg: Rowohlt Verlag, 2006).

(2) Émile Durkheim, *The Division of Labor in Society* (New York: Free Press, 1984)〔井伊玄太郎訳『社会分業論』上・下, 講談社, 1989年〕; Max Weber, *From Max Weber: Essays in Sociology*, trans. and ed. H. H. Gerth and C. Wright Mills (Abingdon, UK: Routledge, 1991),「氷の暗闇」に関しては, p. 128.

(3) 近代化論は, ひとつの理論である限り, ここで正当な判断をくだすことが困難な巨大な主題である. 以下を参照, Nils Gilman, *Mandarins of the Future: Modernization Theory in Cold War America* (Baltimore, MD: Johns Hopkins University Press, 2007).

(4) R. Colbert Rhodes, "Emile Durkheim and the Historical Thought of Marc Bloch," *Theory and Society* 5, no. 1 (1978): 45–73.

(5) これまでアナール学派はかなり論じられてきた. たとえば, 以下を参照. Stuart Clark, *The Annales School: Histories and Overviews* (London: Taylor & Francis, 1999).

(6) Fernand Braudel, *The Mediterranean and the Mediterranean World in the Age of Philip II*, 2 vols., trans. Siân Reynolds (1949; Berkeley: University of California Press, 1995), quote from vol. 1, p. 21〔浜名優美訳『地中海』第1巻, 藤原書店, 1999年, 22頁〕.

(7) 最も影響力のある事例は, Emmanuel Le Roy Ladurie, *The Peasants of Languedoc*, trans. John Day (Champaign: University of Illinois Press, 1977).

(8) Victoria E. Bonnell and Lynn Hunt, eds., *Beyond the Cultural Turn: New Directions in the Study of Society and Culture* (Berkeley: University of California

Press, 1999). これと異なる見解は, “AHR Forum: Historiographic ‘Turns’ in Critical Perspective,” *American Historical Review* 117, no. 3(June, 2012): 698–813.

(9) David Morley and Kuan-Hsing Chen, eds., *Stuart Hall: Critical Dialogues in Cultural Studies*(London: Routledge, 1996).

(10) Claude Lévi-Strauss, *The Elementary Structures of Kinship*, trans. James Harle Bell and John Richard von Sturmer(1947; Boston: Beacon Press, 1969)〔福井和美訳『親族の基本構造』青弓社, 2000年〕. 言語としての親族に関する引用は, 以下を見よ. François Dosse, *History of Structuralism: The Rising Sign, 1945–1966*, trans. Deborah Glassman(Minneapolis: University of Minnesota Press, 1997). また, 以下も参照, Marcel Hénaff, *Claude Lévi-Strauss and the Making of Structural Anthropology*, trans. Mary Baker(Minneapolis: University of Minnesota Press, 1998).

(11) Stuart Hall, “Cultural Studies: Two Paradigms,” *Media, Culture and Society* 2, no. 1(January 1, 1980).

(12) Jacques Derrida, “Structure, Sign, and Play in the Discourse of the Human Sciences [1966],” in Joseph P. Natoli and Linda Hutcheon, eds., *A Postmodern Reader*(Albany, NY: SUNY Press, 1993)〔合田正人・谷口博史訳「人間科学における構造, 記号, 戯れ」,『エクリチュールと差異』法政大学出版局, 2013年, 所収〕.

(13)『スタンフォード哲学事典』のなかの「ミシェル・フーコー」の「主要作品」の項に, 簡潔で便利な概説が見受けられる. *The Stanford Encyclopedia of Philosophy*, at http://plato.stanford.edu/entries/foucault/#4(accessed November 6, 2013). フーコーの生涯と作品についての卓抜した解説は, Jim Miller, *The Passion of Michel Foucault*(Cambridge, MA: Harvard University Press, 1993).

(14) Michel Foucault, *The Order of Things: An Archaeology of the Human Sciences*(New York: Pantheon Books, 1970), p. 387〔渡辺一民・佐々木明訳『言葉と物——人文科学の考古学』新潮社, 1974年, 409頁〕; Paul Rabinow, ed., *The Foucault Reader*(New York: Random House, 1984), p. 74. フーコーとレヴィ・ストロースの関係については, Miller, *Passion of Michel Foucault*, p. 417.

(15) Clifford Geertz, “Thick Description: Toward an Interpretive Theory of

Culture," in *The Interpretation of Cultures: Selected Essays*(New York: Basic Books, 1973), p. 14〔吉田禎吾ほか訳『文化の解釈学』第 1 巻，岩波書店，1987 年，24 頁〕.

（16） Joan Wallach Scott, *The Glassworkers of Carmaux: French Craftsmen and Political Action in a Nineteenth-Century City*(Cambridge, MA: Harvard University Press, 1980); Michel de Certeau, Dominique Julia, and Jacques Revel, *Une politique de la langue*(Paris: Gallimard, 1975); Robert J. Corber and Stephen M. Valocchi, *Queer Studies: An Interdisciplinary Reader*(Malden, MA: Wiley-Blackwell, 2003).

（17） François Furet, *Penser la Révolution Française*(Paris: Gallimard, 1978), p. 84〔大津真作訳『フランス革命を考える』岩波書店，1989 年，93 頁〕. 私の議論も参照，Lynn Hunt, *Politics, Culture, and Class in the French Revolution*(Berkeley: University of California Press, 1984)〔松浦義弘訳『フランス革命の政治文化』平凡社，1989 年〕.

（18） Gilman, *Mandarins of the Future.*

（19） 『アナール』編集部アピール，"History and Social Science: A Critical Turning Point [March–April 1988],"〔二宮宏之訳「歴史と社会科学　危機的な曲がり角か？」『思想』812 号，25–28 頁，1992 年〕. これは，ジャック・ルヴェルとリン・ハントによって英訳され，以下の書物に採録されている. Jacques Revel and Lynn Hunt, eds., *Histories: French Constructions of the Past*(New York: New Press, 1995), pp. 480–483.

（20） この点での最も影響力のある作品は，Joan Wallach Scott, *Gender and the Politics of History*(New York: Columbia University Press, 1999)〔荻野美穂訳『ジェンダーと歴史学』平凡社，1992 年〕.

（21） Steve Garner, *Whiteness: An Introduction*(New York: Routledge, 2007); Nancy Foner and George M. Fredrickson, *Not Just Black and White: Historical and Contemporary Perspectives on Immigration, Race, and Ethnicity in the United States*(New York: Russell Sage Foundation, 2005), p. 171.

（22） Edward Palmer Thompson, *The Making of the English Working Class*(New York: Pantheon Books, 1964), p. 9〔市橋秀夫・芳賀健一訳『イングランド労働者階級の形成』青弓社，2003 年，12 頁〕.

（23） Harvey J. Kaye and Keith MacClelland, *E. P. Thompson: Critical Perspectives*

(Philadelphia: Temple University Press, 1990); Scott, *Gender and the Politics of History*, pp. 68–92〔『ジェンダーと歴史学』111–144 頁〕; Anna Clark, *The Struggle for the Breeches: Gender and the Making of the British Working Class*(Berkeley: University of California Press, 1997); E. P. Thompson, *The Poverty of Theory and Other Essays*(New York: Monthly Review Press, 1978).

(24) 刊行数については，以下を参照，http://blog.historians.org/2009/06/aha-membership-grows-modestly-as-history-of-religion-surpasses-culture/(accessed November 8, 2013).

(25) Philippe Poirrier, *L'Histoire culturelle: un "tournant mondial" dans l'historiographie?*(Dijon: Éditions universitaires de Dijon, 2008); Peter Burke, "Strengths and Weaknesses of Cultural History," *Cultural History* 1, no. 1(2012): 1–13, p. 1〔岡本充弘訳「文化史の強みと弱み」『思想』1074 号，2013 年，36–53 頁，引用は 36 頁〕; Michael Payne and Jessica Rae Barbera, eds., *A Dictionary of Cultural and Critical Theory*(Malden, MA: John Wiley, 2010).

(26) Dipesh Chakrabarty, *Provincializing Europe: Postcolonial Thought and Historical Difference*(Princeton, NJ: Princeton University Press, 2000), p. 28.

(27) Edward W. Said, *Orientalism*(New York: Random House, 1978)〔今沢紀子訳『オリエンタリズム』平凡社，1986 年〕.

(28) チャクラバルティの見解の最も初期の言明は，Dipesh Chakrabarty, "Postcoloniality and the Artifice of History: Who Speaks for 'Indian' Pasts?," *Representations* 37(January 1, 1992): 1–26.

(29) Eric Hobsbawm, *Interesting Times: A Twentieth-Century Life*(New York: New Press, 2002), p. 334〔河合秀和訳『わが 20 世紀・面白い時代』三省堂，2004 年，327 頁〕; Stephen Haber, "Anything Goes: Mexico's 'New' Cultural History," *Hispanic American Historical Review* 79, no. 2(Special Issue: Mexico's New Cultural History: Una Lucha Libre)(May, 1999): 307–330, quotes from pp. 312, 329.

(30) Paula S. Fass, "Cultural History/Social History: Some Reflectionson a Continuing Dialogue," *Journal of Social History* 37(Fall, 2003): 39–46, quote from p. 44.

(31) William H. Sewell Jr., "The Concept(s)of Culture," in Bonnell and Hunt, eds., *Beyond the Cultural Turn*, pp. 35–61, quote from p. 36.

(32)　Richard Biernacki, "Method and Metaphor after the New Cultural History," in Bonnell and Hunt, eds., *Beyond the Cultural Turn*, quote from p. 63; Don Mitchell, "There's No Such Thing as Culture: Towards a Reconceptualization of the Idea of Culture in Geography," *Transactions of the Institute of British Geographers*, New Series, 20, no. 1(1995): 102–116.

(33)　Scott, *Gender and the Politics of History*, p. 4〔『ジェンダーと歴史学』20 頁〕.

(34)　Laura Lee Downs, "If 'Woman' Is Just an Empty Category, Then Why Am I Afraid to Walk Alone at Night?," *Comparative Studies in Society and History* 35 (April, 1993): 414–437; Joan Hoff, "Gender as a Postmodern Category of Paralysis," *Women's History Review* 3, no. 2(1994): 149–168.

(35)　Graham Huggan, "Postcolonialism and Its Discontents," *Transition* 62 (1993): 130–135; Sara Castro-Klaren, "The Latin American Cultural Studies Reader [review]," *MLN* 121, no. 2(March 28, 2006, Hispanic Issue): 465–472.

(36)　"Front Matter," *History and Theory* 40, no. 4(December 1, 2001). 歴史家の間で理論的討議を継続しようとする価値ある試みについては，Gabrielle M. Spiegel, "The Task of the Historian," *American Historical Review* 114, no. 1 (February, 2009): 1–15. カルチュラル・スタディーズへの手引きの模範としては，以下を参照，Chris Rojek, *Cultural Studies*(Cambridge, UK: Polity, 2007)〔渡辺潤・佐藤生実訳『カルチュラル・スタディーズを学ぶ人のために』世界思想社，2009 年〕. そこでは，フーコーの真理に関する見解は言及されているが，「認識論(エピステモロジー)」という言葉は登場していない．たとえば，リアリティ・テレビのようなカルチュラル・スタディーズの具体的テーマにより注目している．

(37)　Tilottama Rajan, "In the Wake of Cultural Studies: Globalization, Theory, and the University," *Diacritics* 31(Fall, 2001): 67–88, quote from p. 70; Bonnell and Hunt, eds., *Beyond the Cultural Turn*, esp. pp. 10–11.

(38)　William H. Sewell Jr., *Logics of History: Social Theory and Social Transformation*(Chicago: University of Chicago Press, 2005), quote from p. 77. 彼の書名に目立つかたちで「社会 social」という単語が登場していることは重要である．

(39)　Jean-François Lyotard, *The Postmodern Condition: A Report on Knowledge*, trans. Geoff Bennington and Brian Massumi(Minneapolis: University of Minne-

sota Press, 1984), quote from p. xxiv〔小林康夫訳『ポスト・モダンの条件——知・社会・言語ゲーム』書肆風の薔薇，1986年，8–9頁〕.

(40) メタ物語やポストモダニズム一般については，以下を参照，Ernst Breisach, *On the Future of History: The Postmodernist Challenge and Its Aftermath* (Chicago: University of Chicago Press, 2003).

(41) フーコーとヴェーバーについては，以下を参照，David Garland, *Punishment and Modern Society: A Study in Social Theory* (Chicago: University of Chicago Press, 1993); Michel Foucault, *Discipline and Punish: The Birth of the Prison* (New York: Random House, 1978), p. 160〔田村俶訳『監獄の誕生——監視と処罰』新潮社，1977年，164頁〕.

(42) Lorraine Code, ed., *Encyclopedia of Feminist Theories* (London: Taylor & Francis, 2000), p. 417. 批判については，以下を参照，William M. Reddy, "Against Constructionism: The Historical Ethnography of Emotions," *Current Anthropology* 38 (June, 1997): 327–351. 以下も参照，Tobin Siebers, "Disability in Theory: From Social Constructionism to the New Realism of the Body," *American Literary History* 13 (Winter, 2001): 737–775.

第二章

(1) 英語のなかでも，米語のスペル(globalization)を用いた書名と英国語のスペル(globalisation)の書名は合算されている．ウェブ上のWorldCatは絶え間なく改訂されており，このグラフは2013年10月の状態を反映していることに注意されたい．データの終点が2009年となっているのは，カタログの常時改訂によって最近年のデータを最も信頼できないものとしているためである．いくつかの論文をもとにしたグラフは，よりニュアンスに富んだ歴史像をもたらしている．マイケル・ラングによれば，グローバリゼーションへの関心は，1970年代後半と1980年代初頭にビジネス研究者の間で最初のピークを迎えた．Michael Lang, "Globalization and Its History," *Journal of Modern History* 78, no. 4 (2006): 899–931. 私は以下の論考でグローバリゼーションについての諸問題を提示した．Lynn Hunt, "Globalisation and Time," in Chris Lorenz and Berber Bevernage, eds., *Breaking Up Time: Negotiating the Borders between Present, Past, and Future* (Schriftenreihe

der FRIAS School of History, vol. 7)(Göttingen: Vandenhoeck & Ruprecht, 2013), pp. 199–215.

(2) Claude E. Barfield, Günter Heiduk, and Paul J. J. Welfens, eds., *Internet, Economic Growth and Globalization: Perspectives on the New Economy in Europe, Japan and the USA*(Berlin: Springer, 2003). インターネットの利用については, 以下を参照, *Internet World Stats, Usage and Population Statistics,* http://www.internetworldstats.com/stats.htm(accessed November 8, 2013).

(3) アンソニー・ギデンズは, 1999年にこの議論をBBCのリース講義でおこなった. 以下で閲覧可能, http://news.bbc.co.uk/hi/english/static/events/reith_99/week1/week1.htm(accessed November 8, 2013).

(4) グローバリゼーションに関する文献は厖大にあり, ここでとうてい要約はできない. 影響力をもったマルクス主義の見解は, Michael Hardt and Antonio Negri, *Empire*(Cambridge, MA: Harvard University Press, 2001)〔水嶋一憲ほか訳『帝国――グローバル化の世界秩序とマルチチュードの可能性』以文社, 2003年〕.

(5) *Nous sommes des sang-mêlés: manuel d'histoire de la civilization Française*, Lucien Febvre and François Crouzet, ed. Denis and Elisabeth Crouzet(Paris: Albin Michel, 2012). この作品に注意を促し, 書評を参照させてくれたキャロライン・フォードに御礼を申し上げる. 教科書の原本のいくつかは, ユネスコのアーカイヴで見ることができる. http://www.unesco.org/new/en/unesco/resources/online-materials/publications/unesdoc-database/(the typewritten UNESCO document is dated December 28, 1951; accessed November 8, 2013).

(6) Lynn Avery Hunt, *Revolution and Urban Politics in Provincial France:Troyes and Reims, 1786–1790*(Stanford: Stanford University Press,1978).

(7) Gilbert Allardyce, "Toward World History: American Historians and the Coming of the World History Course," *Journal of World History* 1, no. 1(1990): 23–76; Sharon Cohen, *AP World History Teacher's Guide*(New York: College Board, 2007), quote from p. 1, 以下で閲覧可能, http://www.google.com/url?sa=t&rct=j&q=&esrc=s&source=web&cd=1&ved=0CCwQFjAA&url=http%3A%2F%2Fapcentral.collegeboard.com%2Fapc%2Fmembers%2Frepository%2Fap07_worldhist_teachersguide.pdf&ei=A3LxUbrJLsqniAKWmoGgCg&usg=AFQjCNEXjZ3RNWL_fJtth1GGi6N_UeyvaA&bvm=bv.49784469,d.cGE(accessed

November 8, 2013).

(8) 提案第1283号第14条第3項, *The Challenges of the Information and Communication Technologies Facing History Teaching*(Symposium, March 25–27, 1999, Andorra la Vella [Andorra]), ed. Jacques Tardif(Strasbourg: Council of Europe, 1999), p. 53.

(9) 世界全体での世界史とグローバル・ヒストリーの卓抜した概観については, Pierre Grosser, "L'Histoire mondiale/globale, une jeunesse exubérante mais difficile," *Vingtième Siècle. Revue d'histoire* 110, no. 2(2011): 3–18.

(10) たとえば, 旧ユーゴスラビアの状態については, the European Association of History Educators, "History That Connects the Western Balkans," http://www.euroclio.eu/tag/history-that-connects-the-western-balkans/(accessed November 9, 2013).

(11) 合衆国史におけるトランスナショナルな転回の概観については, Thomas Bender, *A Nation among Nations: America's Place in World History*(New York: Hill & Wang, 2006). この種の研究についての卓抜した事例が試みられつつある. Carla Gardina Pestana, *Protestant Empire: Religion and the Making of the British Atlantic World*, (Philadelphia: University of Pennsylvania Press, 2009). 奴隷制については, Robin Blackburn, *The Overthrow of Colonial Slavery, 1776–1848*(London: Verso, 1988); Ina Baghdiantz McCabe, *Orientalism in Early Modern France: Eurasian Trade, Exoticism, and the Ancien Régime*(New York: Berg, 2008); Eugen Weber, *Peasants into Frenchmen: The Modernization of Rural France, 1870–1914*(Stanford: Stanford University Press, 1976).

(12) ある影響力のある定義のなかで, ロバート・コヘインとジョセフ・ナイは, グローバリゼーションはグローバリズムのなかで増大しつつあると主張しており, 二人は「大陸間の相互依存のネットワーク」と同列視している. Joseph S. Nye and Robert O. Keohane, "Globalization: What's New, What's Not(and So What)?," in Joseph S. Nye, *Power in the Global Information Age: From Realism to Globalization*(London: Routledge, 2004), p. 191.

(13) グローバリゼーションがひとつのパラダイムを構成しているかどうかについては, 既にかなりの文献が生み出されている. たとえば, Philip G. Cerny, "Globalization and Other Stories: The Search for a New Paradigm for International Relations," *International Journal* 51, no. 4(1996): 617–637.

(14)　Arjun Appadurai, ed., *Globalization*(Durham, NC: Duke University Press, 2001), p. 4.

(15)　脱領域化の強調については，Jan Aart Scholte, *Globalization: A Critical Introduction*(Houndmills, Basingstoke, Hampshire, UK: Palgrave Macmillan, 2000).

(16)　Anthony Giddens, “The Globalizing of Modernity [originally published 1990],” in David Held and Anthony G. McGrew, eds., *The Global Transformations Reader: An Introduction to the Globalization Debate*, 2nd ed.(London: Wiley-Blackwell, 2003), p. 60.『共産党宣言』の第63文は，以下で閲覧可能，http:// www.gutenberg.org/files/61/61.txt

(17)　Cátia Antunes, “Globalisation in History and the History of Globalisation: The Application of a Globalisation Model to Historical Research,” in William R. Thompson, George Modelski, and Tessaleno Devesas, eds., *Globalization as Evolutionary Process: Modeling Global Change*(London: Taylor & Francis, 2008), pp. 242–266. 他の名前も引用したが，ブローデル，ウォーラステイン，フランクが，常に議論の俎上に載せられる．たとえば，以下を参照，Krzysztof Pomian, “World History: histoire mondiale, histoire universelle,” *Le Débat* 154, no. 2(2009): 14–40; Olivier Pétré-Grenouilleau, “La Galaxie histoire-monde,” *Le Débat* 154, no. 2(2009): 41–52.

(18)　Fernand Braudel, *Civilization and Capitalism, 15th–18th Century,* vol. 1: *The Structure of Everyday Life*(Berkeley: University of California Press, 1992), p. 562〔村上光彦訳『物質文明・経済・資本主義――15–18世紀　I 日常性の構造』2，みすず書房，1985年，331頁〕.

(19)　Immanuel Wallerstein, *World-Systems Analysis: An Introduction*(Durham, NC: Duke University Press, 2004), pp. x, 23〔山下範久訳『入門・世界システム分析』藤原書店，2006年，12，67–68頁〕. ウォーラステインがプロジェクトを開始したのは，*Modern World-System I: Capitalist Agriculture and the Origins of the European World-Economy in the Sixteenth Century (Studies in Social Discontinuity)*(New York: Academic Press, 1974)〔川北稔訳『近代世界システム――農業資本主義と「ヨーロッパ世界経済」の成立』1・2，岩波書店，1981年〕.

(20)　Andre Gunder Frank, *ReORIENT: Global Economy in the Asian Age*(Berke-

ley: University of California Press, 1998)〔山下範久訳『リオリエント――アジア時代のグローバル・エコノミー』藤原書店，2000 年〕.

(21) Arjun Appadurai, "Disjuncture and Difference in the Global Cultural Economy," *Public Culture* 2, no. 2(Spring, 1990): 1–24, p. 7; Arjun Appadurai, "Global Ethnoscapes: Notes and Queries for a Transnational Anthropology," in R. G. Fox, ed., *Recapturing Anthropology: Working in the Present*(Santa Fe: School of American Research, 1991), pp. 191–210; Gabriel Ignatow, *Transnational Identity Politics and the Environment*(Lanham, MD: Rowman & Littlefield, 2007), quote from p. 34.

(22) 2000 年のフランスの歴史家の専門については，以下の記述を見よ. Bernard Thomann, "Histoire et mondialisation," *idées. fr*, October 2, 2008, at http://www.laviedesidees.fr/Histoire-et-mondialisation,449.html(viewed August 24, 2012); また以下の序論を参照，Caroline Douki and Philippe Minard, "Histoire globale, histoires connectées: un changement d'échelle historiographique?," *Revue d'histoire moderne et contemporaine*, 54, no. 4(2007): 7–21.

(23) Jerry H. Bentley, "Globalizing History and Historicizing Globalization," *Globalizations* 1, no. 1(2004): 69–81, quote from p. 79.

(24) Patrick O'Brien, "Historiographical Traditions and Modern Imperatives for the Restoration of Global History," *Journal of Global History* 1(2006): 3–39, quote from p. 37.

(25) John M. Hobson, *The Eastern Origins of Western Civilisation*(Cambridge, UK: Cambridge University Press, 2004), quote from p. 2 and Contents.

(26) Anibal Quijano(Michael Ennis, trans.), "Coloniality of Power, Eurocentrism, and Latin America," *Nepantla: Views from South* 1(2000): 533–580, quote from p. 552.

(27) Ibid., especially p. 537.

(28) Sanjay Subrahmanyam, "Connected Histories: Notes towards a Reconfiguration of Early Modern Eurasia," *Modern Asian Studies* 31, no. 3(July 1, 1997): 735–762, quote from p. 745. ロストウは，指導的な近代化論者である.

(29) Charles Edquist and Leif Hommen, eds., *Small Country Innovation Systems: Globalization, Change and Policy in Asia and Europe*(Cheltenham, UK: Edward Elgar, 2008), pp. 8, 486. 経済成長偏重主義に関しては，David C. Engerman,

"Bernath Lecture: American Knowledge and Global Power," *Diplomatic History* 31, no. 4(2007): 599–622.

(30) Kären Wigen, "Cartographies of Connection: Ocean Maps as Metaphors for Interarea History," in Jerry H. Bentley, Renate Bridenthal, and Anand A. Yang, eds., *Interactions: Transregional Perspectives on World History*(Honolulu: University of Hawai'i Press, 2005); W. Jeffrey Bolster, "Putting the Ocean in Atlantic History: Maritime Communities and Marine Ecology in the Northwest Atlantic, 1500–1800," *American Historical Review* 113, no. 1(February, 2008): 19–47.

(31) Morten Jerven, "An Unlevel Playing Field: National Income Estimates and Reciprocal Comparison in Global Economic History," *Journal of Global History* 7 (2012): 107–128. ここで言及した別の論文は，同じ号に掲載されている．

(32) Marcy Norton, *Sacred Gifts, Profane Pleasures: A History of Tobacco and Chocolate in the Atlantic World*(Ithaca, NY: Cornell University Press, 2010).

(33) Francesca Trivellato, *The Familiarity of Strangers: The Sephardic Diaspora, Livorno, and Cross-Cultural Trade in the Early Modern Period*(New Haven, CT: Yale University Press, 2009); Sebouh David Aslanian, *From the Indian Ocean to the Mediterranean: The Global Trade Networks of Armenian Merchants from New Julfa*(Berkeley: University of California Press, 2011); Claude Markovits, *The Global World of Indian Merchants, 1750–1947: Traders of Sind from Bukhara to Panama*(Cambridge, UK: Cambridge University Press, 2000). スコットランド人については，家族についてのエマ・ロスチャイルドによる卓抜した研究を見よ．Emma Rothschild, *The Inner Life of Empires: An Eighteenth-Century History* (Princeton, NJ: Princeton University Press, 2011).

(34) Sarah Abrevaya Stein, *Plumes: Ostrich Feathers, Jews, and a Lost World of Global Commerce*(New Haven, CT: Yale University Press, 2008), p. 7.

(35) Claude Markovits, *Global World of Indian Merchants*; Aslanian, *From Indian Ocean to the Mediterranean*; Graziano Krätli and Ghislaine Lydon, eds., *The Trans-Saharan Book Trade: Manuscript Culture, Arabic Literacy and Intellectual History in Muslim Africa*(Leiden: Brill, 2011); Giorgio Riello and Tirthankar Roy, eds., *How India Clothed the World: The World of South Asian Textiles, 1500–1850*(Leiden: Brill, 2009).

(36) *Knowledge, Networks and Nations: Global Scientific Collaboration in the*

Twenty-First Century(London: Royal Society, 2011), esp. p. 17. 数値は，科学，技術，医学，社会科学，芸術，人文学の査読つき文献に基づいている．

(37) Walter D. Mignolo, "The Geopolitics of Knowledge and the Colonial Difference," *South Atlantic Quarterly* 101, no. 1(2002): 57–96, quotes from pp. 49, 90.

(38) 西欧スタイルの研究と分析の拒絶に関しては，Ashis Nandy, "History's Forgotten Doubles," *History and Theory* 34, no. 2(Theme Issue 34: World Historians and Their Critics)(May, 1995): 44–66. いわゆるヨーロッパ中心主義の要素については，ジャック・グッディによる長話を参照せよ．Jack Goody, *The Theft of History*(New York: Cambridge University Press, 2006). Dipesh Chakrabarty, *Provincializing Europe: Postcolonial Thought and Historical Difference*(Princeton, NJ: Princeton University Press, 2001), p. 41. 歴史学の多様性の例については，Velcheru Narayana Rao et al., *Textures of Time: Writing History in South India*(Ann Arbor, MI: Other Press, 2003).

(39) グローバリゼーションの言語の分析については，Geoff Eley, "Historicizing the Global, Politicizing Capital: Giving the Present a Name," *History Workshop Journal* 63(Spring, 2007): 154–188. イリーのいくつかの論点への返答は，Sanjay Subrahmanyam,"Historicizing the Global, or Labouring for Invention?," *History Workshop Journal* 64, no. 1(2007): 329–334. 宗教へのグローバリゼーションの影響に関しては，Renato Ortiz, "Notes on Religion and Globalization," *Nepantla: Views from South* 4, no. 3(2003): 423–448. 仏教については，Brian Peter Harvey, *An Introduction to Buddhism: Teachings, History, and Practices*(Cambridge, UK: Cambridge University Press, 1990), esp. pp. 139–169.

(40) Benedict Anderson, *Imagined Communities: Reflections on the Origin and Spread of Nationalism*, rev. ed.(1983; London: Verso, 1999), p. 4〔白石隆・白石さや訳『想像の共同体――ナショナリズムの起源と流行』NTT 出版，1997 年，21–22 頁〕.

(41) 特集号のフォーラムは，"Alberto Banti's Interpretation of Risorgimento Nationalism: A Debate," *Nations and Nationalism* 15(July, 2009): 396–460.

(42) 1820 年代がグローバリゼーションにもつ重要性は，Adam McKeown, "Periodizing Globalization," *History Workshop Journal* 63(Spring, 2007): 218–230. グローバリゼーションとナショナリズムとの現在の関係については，

Mary Kaldor, "Nationalism and Globalisation," *Nations and Nationalism* 10 (2004): 161–177. 彼女はふたつの関係性を強調する．つまり，新たな形態のナショナリズムが，グローバリゼーションの取る形態に影響を与えていることである．

(43)　Pascale Casanova, *The World Republic of Letters*, trans. M. B. DeBevoise (Cambridge, MA: Harvard University Press, 2005), p. 40〔岩切正一郎訳『世界文学空間――文学資本と文学革命』藤原書店，2002年，62–63頁〕. そうした思考は，以下でさらに発展させられている．Pascale Casanova, "Literature as a World," *New Left Review* 31 (January–February, 2005): 71–90, quote from p. 72.

(44)　グローバルな映画文化に対するトランスナショナルなアプローチについては，Vanessa R. Schwartz, *It's So French! Hollywood, Paris, and the Making of Cosmopolitan Film Culture* (Chicago: University of Chicago Press, 2007).

(45)　トリヴェラートの傑作『親密なる異邦人 *The Familiarity of Strangers*』の結語の文章は，これまでの研究の限界と可能性の双方を提示している．「そうした現象には，メタ歴史的な循環，独特な不思議さをもつ集団間の連帯，資本主義の原初的形態の遺物としてではなくて，多様な社会経済変動の過程に光を当てる複雑な組織として向き合うべきであり，したがって，近世社会を変容させるうえでの市場の役割と限界も精密に検証するよう提唱してきたのである」(p. 278).

第三章

(1)　こうした知的怠慢に対しては，例外というものがある．だが，社会的なものを再考することへの関心がわずかに芽生えてきているなかでも，それは自己には結びつけられていないのである．たとえば，以下を参照，Patrick Joyce, ed., *The Social in Question: New Bearings in History and the Social Sciences* (London: Routledge, 2002); Jean Terrier, *Visions of the Social: Society as a Political Project in France, 1750–1950* (Leiden: Brill, 2011).

(2)　セクシュアリティの歴史を記述するなかで，フーコーは次のように主張している．「同じ18世紀末に，今後明らかにされねばならないいくつかの理由によって，新たな性のテクノロジーが登場してくる」．Michel

Foucault, *The History of Sexuality*, vol. 1: *An Introduction*, trans. Robert Hurley (New York: Pantheon Books, 1978), p. 116〔渡辺守章訳『性の歴史 I　知への意志』新潮社，1986 年，148 頁〕.

(3) Michel Foucault and Colin Gordon, *Power/Knowledge: Selected Interviews and Other Writings, 1972–1977*(New York: Pantheon Books, 1980), p. 98. この領域に関するガイドは，Charles Taylor, *Sources of the Self: The Making of the Modern Identity*(Cambridge, MA: Harvard University Press, 1989)〔下川潔・桜井徹・田中智彦訳『自我の源泉——近代的アイデンティティの形成』名古屋大学出版会，2010 年〕; Jerrold Seigel, *The Idea of the Self: Thought and Experience in Western Europe since the Seventeenth Century*(Cambridge, UK: Cambridge University Press, 2005).

(4) Eric J. Evans, *Thatcher and Thatcherism*, 2nd ed.(London: Routledge, 2004), p. 137.

(5) そうした結論の根拠としているのは，『オクスフォード英語大辞典』とARTFL プロジェクトによって入手可能となったフランス語辞典であった．この問題に対して最も有益なのは，Keith Michael Baker, "Enlightenment and the Institution of Society: Notes for a Conceptual History," in Sudipta Kaviraj and Sunil Khilnani, eds., *Civil Society: History and Possibilities*(Cambridge, UK: Cambridge University Press, 2001), pp. 84–104.

(6) 引用は『百科全書』から．*Encyclopédie*, vol. 15, p. 251, 典拠は，the ART FL Project: http://artflsrv02.uchicago.edu/cgi-bin/extras/encpageturn.pl?V15/ENC_15-251.jpeg(consulted August 7, 2013).

(7) 「哲学者」の定義については，*Encyclopédie*, vol. 12, p. 510, 以下を参照，http://artflsrv02.uchicago.edu/cgi-bin/extras/encpageturn.pl?V15/ENC_15-251.jpeg(consulted August 7, 2013). 1743 年の匿名のパンフレットは，以下で論じられている．Margaret Jacob, "The Clandestine Universe of Early Eighteenth Century," December 6, 2001, 以下で閲覧可能，http://www.pierre-marteau.com/c/jacob/clandestine.html(consulted August 7, 2013).

(8) *Encyclopédie*, vol. 12, p. 510, 以下で閲覧可能，http://artflsrv02.uchicago.edu/cgi-bin/extras/encpageturn.pl?V15/ENC_15-251.jpeg(consulted August 7, 2013).

(9) Émile Durkheim, *Les formes élémentaires de la vie religieuse. Le système totémique*

en Australie, 5th ed.(Paris: Les Presses universitaires de France, 1968), quotes from pp. 203, 209〔山﨑亮訳『宗教生活の基本形態』上，筑摩書房，2014年，459，471–472頁〕.

(10) 世俗化の主題は際限がなく，もっぱらキリスト教と西欧の発展の文脈のなかで繰り返し研究されて来た．たとえば，Marcel Gauchet, *The Disenchantment of the World*, trans. Oscar Burge(Princeton, NJ: Princeton University Press, 1997).

(11) Robert Wokler, "Saint-Simon and the Passage from Political to Social Science," in Anthony Robin Pagden, ed., *The Languages of Political Theory in Early-Modern Europe*(Cambridge, UK: Cambridge University Press, 1990), pp. 325–338.

(12) Charles John Sommerville, *The News Revolution in England: Cultural Dynamics of Daily Information*(New York: Oxford University Press, 1996), p. 77.

(13) ミラーによる「近代ヨーロッパ諸国民」という言葉の使用については，John Millar, *Observations concerning the Origin of the Distinction of the Ranks in Society*, 2nd ed.(London: J. Murray, 1773), p. 298. 市民社会については，Sudipta Kaviraj and Sunil Khilnani, eds., *Civil Society: History and Possibilities*(Cambridge, UK: Cambridge University Press, 2001).

(14) Raymond Williams, *Culture and Society, 1780–1950*(first published 1958; New York: Columbia University Press, 1983), p. xv〔若松繁信・長谷川光昭訳『文化と社会』ミネルヴァ書房，1968年，3頁〕. 社会学については，*Oxford English Dictionary* at http://www.oed.com/view/Entry/183792?redirectedFrom=sociology#eid (consulted September 13, 2012). ジャック・ギロム Jacques Guilhaumou は，「社会学」という言葉の発明を1789年のフランス革命期のアベ・シエイエスにまで遡っている．"Sieyès et le non-dit de la sociologie: du mot à la chose," *Revue d'histoire des sciences humaines, Naissance de la science sociale(1750–1850)*, 15(2006): 117–134.

(15) 社会の概念史については，Brian C. J. Singer, *Society, Theory and the French Revolution: Studies in the Revolutionary Imaginary*(New York: Macmillan, 1986); Terrier, *Visions of the Social.*

(16) World Bank, *Building Knowledge Economies: Advanced Strategies for Development*(Washington, DC: World Bank Publications, 2007), p. 23. 知識経済に関する

文献は飛躍的に増加している．たとえば，John H. Dunning, ed., *Regions, Globalization, and the Knowledge-Based Economy*（Oxford, UK: Oxford University Press, 2000）.

（17） David Harvey, *The Condition of Postmodernity: An Enquiry into the Origins of Cultural Change*（Cambridge, MA: Basil Blackwell, 1989）, esp. p. 247〔吉原直樹監訳『ポストモダニティの条件』青木書店，1999年，316–317頁〕. 1968年版の定義が引用されているのは，Peter Wagner, " 'An Entire New Object of Consciousness, of Volition, of Thought': The Coming into Being and（Almost）Passing Away of 'Society' as a Scientific Object," in Lorraine Daston, ed., *Biographies of Scientific Objects*（Chicago: University of Chicago Press, 2000）, pp.132–157, quote from p. 150.

（18） John Urry, *Sociology beyond Societies: Mobilities for the Twenty-First Century*（London: Routledge, 2000）.

（19） Daniel Lord Smail, *On Deep History and the Brain*（Berkeley: University of California Press, 2008）. ダーウィンと社会的本能については，Darrin M. McMahon, *Happiness: A History*（New York: Atlantic Monthly Press, 2006）, p. 417.

（20） Harriet Ritvo, *The Animal Estate: The English and Other Creatures in the Victorian Age*（Cambridge, MA: Harvard University Press, 1987）.

（21） Edward Payson Evans, *The Criminal Prosecution and Capital Punishment of Animals*（London: W. Heinemann, 1906）, p. 186; Linda Kalof and Brigitte Resl, eds., *A Cultural History of Animals*, 6 vols.（Oxford, UK: Berg, 2007）; Harriet Ritvo, "Humans and Humanists," *Daedalus*（Summer, 2009）: 68–78.

（22） "World Declaration on Great Primates," http://www.projetogap.org.br/en/world-declaration-on-great-primates/（consulted November 10, 2013）; Chimpanzee Sequencing and Analysis Consortium, "Initial Sequence of the Chimpanzee Genome and Comparison with the Human Genome," *Nature* 437, no. 7055（September 1, 2005）: 69–87; Kay Prüfer et al., "The Bonobo Genome Compared with the Chimpanzee and Human Genomes," *Nature*（June 13, 2012）, http://www.nature.com/nature/journal/vaop/ncurrent/full/nature11128.html（consulted August 15, 2013）.

（23） Robert J. Losey et al., "Canids as Persons: Early Neolithic Dog and Wolf

Burials, Cis-Baikal, Siberia," *Journal of Anthropological Archaeology* 30, no. 2(June, 2011): 174–189; Donna J. Haraway, *When Species Meet*(Minneapolis: University of Minnesota Press, 2007).

(24) Dorothee Brantz, "The Natural Space of Modernity: A Transatlantic Perspective on(Urban)Environmental History," in Ursula Lehmkuhl and Hermann Wellenreuther, eds., *Historians and Nature: Comparative Approaches to Environmental History*(Oxford, UK: Berg, 2007), pp. 195–225. 以下も参照, Haraway, *When Species Meet.*

(25) Dipesh Chakrabarty, "The Climate of History: Four Theses," *Critical Inquiry* 35(Winter, 2009): 197–222; Dipesh Chakrabarty, "Postcolonial Studies and the Challenge of Climate Change," *New Literary History* 43, no. 1(2012): 1–18.

(26) N. Katherine Hayles, *How We Became Posthuman: Virtual Bodies in Cybernetics, Literature, and Informatics*(Chicago: University of Chicago Press, 1999).

(27) Paul Glennie and Nigel Thrift, *Shaping the Day: A History of Timekeeping in England and Wales 1300–1800*(Oxford, UK: Oxford University Press, 2009).

(28) Wilfred Cantwell Smith, "American Academy of Religion, Annual Meeting 1983: The Presidential Address. The Modern West in the History of Religion," *Journal of the American Academy of Religion* 52, no. 1(March, 1984): 3–18, quotes from pp. 9, 10.

(29) Dipesh Chakrabarty, *Provincializing Europe: Postcolonial Thought and Historical Difference*(Princeton, NJ: Princeton University Press, 2000), quote from p. 89. 合衆国の歴史のテーマ別関心は，Robert Townsend, "A New Found Religion: The Field Surges among AHA Members," *Perspectives on History*(December, 2009), 以下で閲覧可能，https://www.historians.org/perspectives/issues/2009/0912/0912new3.cfm(consulted September 14, 2012). カテゴリーの範囲が広いために，数値はわずかなものである(7.7%が宗教史，7.5%が文化史).

(30) 地図に関しては，Paul Rodaway, *Sensuous Geographies: Body, Sense, and Place*(London: Routledge, 1994), esp. pp. 133–142. Lynn Hunt, *Measuring Time, Making History*(Budapest: Central European University, 2008).

(31) Paul de Gaudemar, "Le concept de socialisation dans la sociologie de l'éducation chez Durkheim," in W. S. F. Pickering, ed., *Emile Durkheim: Critical*

Assessments of Leading Sociologists(London: Taylor & Francis, 2001), pp. 396–403.

(32) そうした見解についての最近の解説は，Charles Zastrow and Karen K. Kirst-Ashman, *Understanding Human Behavior and the Social Environment*, 8th ed.(Belmont, CA: Cengage Learning, 2010).

(33) Joan Scott, "The Evidence of Experience," *Critical Inquiry* 17(1991): quotes from pp. 779, 793.

(34) Norbert Elias, *The Civilizing Process: The Development of Manners*, trans. Edmund Jephcott(original German edition, 1939; New York: Urizen Books, 1978)〔赤井慧爾・中村元保・吉田正勝訳『文明化の過程』上・下，法政大学出版局，1977年〕.

(35) Ibid., esp. p. 201〔『文明化の過程』上，法政大学出版局，386–387頁〕. エリアスの中世に対する辛辣な見解については，Barbara H. Rosenwein, "Worrying about Emotions in History," *American Historical Review* 107, no. 3 (June, 2002): 821–845.

(36) Lucien Febvre, "La sensibilité et l'histoire: comment reconstituer la vie affective d'autrefois ?" *Annales d'histoire sociale* 3(January–June, 1941): 5–20, quote from p. 9; René van der Veer, "Henri Wallon's Theory of Early Child Development: The Role of Emotions," *Developmental Review* 16, no. 4(December, 1996): 364–390. エリアスとフェーヴルのモデルについての別な見解は，Jakob Tanner, "Unfassbare Gefühle: Emotionen in der Geschichtswissenschaft vom Fin de siècle bis in die Zwischenkriegszeit," in Uffa Jensen and Daniel Morat, eds., *Rationalisierungen des Gefühls. Zum Verhältnis von Wissenschaft und Emotionen*(Munich: Wilhelm Fink Verlag, 2008), pp. 35–59.

(37) Alphonse Dupront, "Problèmes et méthodes d'une histoire de la psychologie collective," *Annales: économies, sociétés, civilisations* 16(1961): 3–11.

(38) Lloyd de Mause, "The Independence of Psychohistory," in Geoffrey Cocks and Travis L. Crosby, eds., *Psycho/history: Readings in the Method of Psychology, Psychoanalysis, and History*(New Haven, CT: Yale University Press, 1987), pp. 50–67, quote from p. 50. 心理史に対するとりわけ厳しい批判については，David E. Stannard, *Shrinking History: On Freud and the Failure of Psychohistory* (New York: Oxford University Press, 1980)〔南博訳『歴史を精神分析する——フロイトと心理歴史学の失敗』岩波書店，1986年〕.

(39) Gustave Le Bon, *The Crowd: A Study of the Popular Mind*(New York: Macmillan, 1896), quotes from pp. 13, 17, 109〔櫻井成夫訳『群衆心理』講談社，1993 年，35, 40, 164–165 頁〕. 以下も参照，Susanna Barrows, *Distorting Mirrors: Visions of the Crowd in Late Nineteenth-Century France*(New Haven, CT: Yale University Press, 1981), esp. p. 169.

(40) Alfred Stein, "Adolf Hitler und G. Le Bon: der Meister der Massenbewegung und sein Lehrer," *Geschichte in Wissenschaft und Unterricht* 6(1955): 362–368; George Rudé, *The Crowd in History: A Study of Popular Disturbances in France and England, 1730–1848*(New York: Wiley, 1964)〔古賀秀男・志垣嘉夫・西嶋幸右訳『歴史における群衆——英仏民衆運動史 1730〜1848』法律文化社，1982 年〕.

(41) Edward Palmer Thompson, *The Making of the English Working Class*(New York: Pantheon Books, 1964), esp. pp. 375–381〔『イングランド労働者階級の形成』447–455 頁〕.

(42) 引用は以下のものから．Robert M. Strozier, *Foucault, Subjectivity, and Identity: Historical Constructions of Subject and Self*(Detroit, MI: Wayne State University Press, 2002), p. 70(1970 年に刊行されたフーコーとのインタヴュー).

(43) 以下で展開されている批判は，とりわけ有益なものである，Lyndal Roper, *Oedipus and the Devil: Witchcraft, Sexuality, and Religion in Early Modern Europe*(London: Routledge, 1994).

(44) William L. Langer, "The Next Assignment," *American Historical Review* 63, no. 2(January, 1958): 283–304. 精神分析についての現代の見解は，たとえば，Peter Brooks and Alex Woloch, eds., *Whose Freud? The Place of Psychoanalysis in Contemporary Culture*(New Haven, CT: Yale University Press, 2000); Eric R. Kandel, *The Age of Insight: The Quest to Understand the Unconscious in Art, Mind, and Brain: From Vienna 1900 to the Present*, 1st ed.(New York: Random House, 2012).

(45) Roy F. Baumeister, "The Self," in Daniel T. Gilbert, Susan T. Fiske, and Gardner Lindzey, eds., *The Handbook of Social Psychology*, 4th ed., vol. 1(Boston: McGraw-Hill, 1998), pp. 680–740, quote from p. 680. 自己への関心の復権を強調するより積極的な基調は，最近の手引書のなかに発見することができ

る．William B. Swann Jr. and Jennifer K. Bosson, "Self and Identity," in Susan T. Fiske, Daniel T. Gilbert, and Gardner Lindzey, eds., *Handbook of Social Psychology*, 5th ed., vol. 1(Hoboken, NJ: John Wiley, 2010), pp. 589–628.

(46) Michael S. Gazzaniga, *The Mind's Past*(Berkeley: University of California Press, 1998), p. xi; Michael S. Gazzaniga, "Forty-Five Years of Split-Brain Research and Still Going Strong," *Nature Reviews Neuroscience* 6, no. 8(August 1, 2005): 653–659, quotes from pp. 657, 658.

(47) William M. Reddy, *The Navigation of Feeling: A Framework for the History of Emotions*(Cambridge, UK: Cambridge University Press, 2001).

(48) Barbara H. Rosenwein, *Emotional Communities in the Early Middle Ages* (Ithaca, NY: Cornell University Press, 2006). 情動表現の普遍性に関する重要な人物は，ポール・エークマンである．たとえば，ポール・エークマンによる序論と解説がつき，フィリップ・プロガーによる論文が付された，Darwin, *The Expression of the Emotions in Man and Animals*(Oxford, UK: Oxford University Press, 2002). 情動や神経科学に対する歴史家の関心がかなり限定されていることについての批判的な総括については，Rafael Mandressi, "Le Temps profond et le temps perdu," *Revue d'histoire des sciences humaines* 25, no. 2 (2011): 167–204.

(49) Antonio R. Damasio, *Descartes' Error: Emotion, Reason, and the Human Brain* (New York: G. P. Putnam's Sons, 1994)〔田中三彦訳『デカルトの誤り』筑摩書房，2010年〕. 以下も参照，Damasio, *Feeling of What Happens: Body and Emotion in the Making of Consciousness*(New York: Harcourt, 1999)〔田中三彦訳『無意識の脳自己意識の脳——身体と情動と感情の神秘』講談社，2003年〕. 情動科学については，John Protevi, *Political Affect: Connecting the Social and the Somatic*(Minneapolis: University of Minnesota Press, 2009), p. 23. 歴史分析に対する影響については，William M. Reddy, "Saying Something New: Practice Theory and Cognitive Neuroscience," *Arcadia—International Journal for Literary Studies* 44, no.1(2009): 8–23.

(50) Elias, *Civilizing Process*〔『文明化の過程』〕; Rosenwein, *Emotional Communities*; Jan Plamper, "The History of Emotions: An Interview with William Reddy, Barbara Rosenwein, and Peter Stearns," *History and Theory* 49, no. 2(2010): 237–265; Ute Frevert, *Emotions in History—Lost and Found*(Budapest: Central Euro-

pean University Press, 2011). 最も優れた総括は, Monique Scheer, “Are Emotions a Kind of Practice (and Is That What Makes Them Have a History ?): A Bourdieuian Approach to Understanding Emotion,” *History and Theory* 51, no. 2 (2012): 193–220.

(51) Antonio Damasio, *Self Comes to Mind: Constructing the Conscious Brain* (New York: Vintage Books, 2010), p. 193〔山形浩生訳『自己が心にやってくる——意識ある脳の構築』早川書房, 2013 年, 219 頁〕; Damasio, *Descartes' Error*, pp. 238–239〔『デカルトの誤り』359–362 頁〕.

(52) Damasio, *Self Comes to Mind*, pp. 196–197〔『自己が心にやってくる』223–224 頁〕.

(53) John R. Searle, “The Mystery of Consciousness Continues,” *New York Review of Books* (June 9, 2011), 以下で閲覧可能, http:// www.nybooks.com/articles/2011/6/09/mystery-consciousness-continues (accessed November 10, 2013). 同じようにミケル・ボルク・ヤコブセンが, 自我の登場を説明するために自我の意識を前提としているとして, フロイトを批判したことを明記しておいてもよいだろう.「もし私が「アイ I」とか「ミー me」とか, 「自我 ego」とか「イッヒ Ich」とか言うこともないなら, 私の身体, つまり私自身の身体と関係をもつことができるのだろうか. ……たぶんそうなのだろうが, 私たちは自我という主体, つまりフロイトが「十分に研究しなかった」と認めた自我を取り扱っているのではないのか」. Mikkel Borch-Jacobsen, *The Freudian Subject* (Stanford: Stanford University Press, 1989), pp. 70–71.

(54) Searle, “Mystery of Consciousness Continues.”

(55) F. J. Varela, E. Thompson, and E. Rosch. *The Embodied Mind: Cognitive Science and Human Experience* (Cambridge, MA: MIT Press, 1991), p. 14〔田中靖夫訳『身体化された心——仏教思想からのエナクティブ・アプローチ』工作舎, 2001 年, 37–38 頁〕, as quoted in Zoe Drayson, “Embodied Cognitive Science and Its Implications for Psychopathology,” *Philosophy, Psychiatry, and Psychology* 16, no. 4 (2009): 329–334, quote from p. 331.

(56) メルロ・ポンティの影響力については, たとえば, George Lakoff and Mark Johnson, *Philosophy in the Flesh: The Embodied Mind and Its Challenge to Western Thought* (New York: Basic Books,1999), p. xi〔計見一雄訳『肉中の哲

学──肉体を具有したマインドが西洋の思考に挑戦する』哲学書房，2004年，9頁〕. 身体図式については，Ted Toadvine and Leonard Lawlor, eds., *The Merleau-Ponty Reader*(Evanston, IL: Northwestern University Press, 2007), p. 147.

(57) Damasio, *Self Comes to Mind*, p. 93〔『自己が心にやってくる』109–110頁〕. たとえば，Lakoff and Johnson, *Philosophy in the Flesh*(p. 266)「私たちが「心(マインド)」と呼ぶものは本当に身体化されている」と主張する以外，「心は私たちの体験に影響をもたらす何か神秘的で抽象的な対象ではない. むしろ，心は私たちの世界との相互作用のなかのまさに構造であり素材であるものの部分である」と言うように，彼らの心の定義は曖昧である〔『肉中の哲学』310頁〕.

(58) Shaun Gallagher, *How the Body Shapes the Mind*(Oxford, UK: Clarendon Press, 2005), pp. 65–78. ダマシオとギャラガーは，お互いの作品を引用しているが，議論を発展させているわけではない. 以下を参照，ibid., pp. 135–137.

(59) 私が「意識をもつ身体 mindful body」ではなく「身体化された自己 embodied self」という表現を用いるのは，さまざまな分野で，身体の普遍性について異議申し立てをするよりも，(人格や個人性などの)自己の普遍性について疑念を挟む著述が存在するからだ. Nancy Scheper-Hughes and Margaret M. Lock, "The Mindful Body: A Prolegomenon to Future Work in Medical Anthropology," *Medical Anthropology Quarterly*, New Series, 1, no. 1 (March 1, 1987): 6–41; M. R. Bennett and Peter Michael Stephan Hacker, *Philosophical Foundations of Neuroscience*(Malden, MA: Blackwell, 2003), pp. 68–73.

(60) Hanne De Jaegher, Ezequiel Di Paolo, and Shaun Gallagher, "Can Social Interaction Constitute Social Cognition ?" *Trends in Cognitive Sciences* 14, no. 10 (October 1, 2010): 441–447.「社会神経科学」は，社会的交流が神経科学的発展そのものをかたちづくることを研究するというよりは，神経科学的アプローチを用いて行動の前提にある脳機能に到達しようとするものである. たとえば，以下を参照，Tiffany A. Ito, "Implicit Social Cognition: Insights from Social Neuroscience," in Bertram Gawronski and B. Keith Payne, eds., *Handbook of Implicit Social Cognition: Measurement, Theory, and Applications*(New York: Guilford Press, 2011), pp. 80–92.

(61) いくつかの有益な区分については，以下で展開されている．Diana Coole, “Rethinking Agency: A Phenomenological Approach to Embodiment and Agentic Capacities,” *Political Studies* 53, no. 1(2005): 124–142.

(62) Mehdi Moussaïd, Dirk Helbing, and Guy Theraulaz, “How Simple Rules Determine Pedestrian Behavior and Crowd Disasters,” *Proceedings of the National Academy of Sciences of the United States of America*, 108, no. 17(April 26, 2011): 6884-6888, 以下で閲覧可能，http://www.pnas.org/content/early/2011/04/08/1016507108(consulted September 19, 2012).

第四章

(1) たとえば，Kenneth Pomeranz, *The Great Divergence: China, Europe, and the Making of the Modern World Economy*(Princeton, NJ: Princeton University Press, 2009)〔川北稔監訳『大分岐――中国，ヨーロッパ，そして近代世界経済の形成』名古屋大学出版会，2015 年〕.

(2) 「独立宣言 Declaration of Independence」は，以下で閲覧可能，http://www.archives.gov/exhibits/charters/declaration_transcript.html(accessed November 11, 2013).

(3) Kay Young and Jeffrey L. Saver, “The Neurology of Narrative,” *SubStance* 30(2001): 72–84; Richard M. Lerner, *Handbook of Child Psychology: Theoretical Models of Human Development*, vol. 1, of William Damon and Richard M. Lerner, eds., *Handbook of Child Psychology*, 6th ed.(Hoboken, NJ: John Wiley, 2006), p. 744.

(4) バルトの引用については，Martin McQuillan, ed., *The Narrative Reader*(London: Routledge, 2000), p. 109. バルトは以下でも引用されている．Young and Saver, “Neurology of Narrative.”

(5) Clifford Geertz, *The Interpretation of Cultures: Selected Essays*(NewYork: Basic Books, 1973), pp. 28–29, 5〔吉田禎吾ほか訳『文化の解釈学』第 1 巻，岩波書店，1987 年，49, 6–7 頁〕.

(6) Lois Bloom, *Language Development from Two to Three*(Cambridge, UK: Cambridge University Press, 1993), p. 333.

(7) Georg Wilhelm Friedrich Hegel, *Philosophy of History*, trans. John Sibree

(New York: American Home Library, 1902), pp. 63–64, 164〔長谷川宏訳『歴史哲学講義』上，岩波文庫，2003 年，41, 176 頁〕.

（8） David Carr, “Narrative and the Real World: An Argument for Continuity,” in Lewis P. Hinchman, ed., *Memory, Identity, Community:The Idea of Narrative in the Human Sciences*(SUNY Series in the Philosophy of the Social Sciences)(Albany, NY: SUNY Press, 1997), pp. 7–25.

（9） François Dosse, *New History in France: The Triumph of the Annales*, trans. Peter V. Conroy Jr.(Champaign: University of Illinois Press, 1994), quote from p. 158.

（10） ローレンス・ストーンは，1970 年代末に発生しているとされる物語の復権を，「過去に起こった変化についての首尾一貫した科学的説明を生み出す試みの終焉」に結びつけた．しかし，彼もまた，物語と因果論的解釈とのあいだの必然的な結びつきを見落とすことになった．Lawrence Stone, “The Revival of Narrative: Reflections on a New Old History,” *Past and Present* 85(November,1979): 3–24, quote from p. 19〔坂本尚文・霜田洋祐訳「物語りの復活――新たな旧い歴史学についての考察(1)(2)」『福島大学行政社会論集』27(4)，2015 年，29(1)，2017 年〕; Arthur C. Graesser, Murray Singer, and Tom Trabasso, “Constructing Inferences during Narrative Text Comprehension,” *Psychological Review* 101(1994): 371–395; Paul Ricoeur, *Time and Narrative*, vol. 1, trans. David Pellauer(Chicago: University of Chicago Press, 1990), fn. 23 on p. 254〔久米博訳『歴史と物語 I　物語と時間性の循環』新曜社，2004 年，注 23，296 頁〕. 注(8)で引用した David Carr は，リクールの見解に影響されている．二人は現象学的な伝統のなかで著述をおこなっている．

（11） 以下のフォーラムを参照せよ．“Progress in History ?,” in *Historically Speaking: The Bulletin of the Historical Society*(May/June, 2006).

（12） Jan de Vries, “The Limits of Globalization in the Early Modern World,” *Economic History Review* 63, no. 3(2010): 710–733.

（13） Anne Charlton, “Medicinal Uses of Tobacco in History,” *Journal of the Royal Society of Medicine* 97, no. 6(June 2004): 292–296.

（14） Erika Monahan, “Locating Rhubarb: Early Modernity’s Relevant Obscurity,” in Paula Findlen, ed., *Early Modern Things: Objects and Their Histories,*

1500–1800(London: Routledge, 2012), pp. 227–251.

(15) 特に以下を参照，Ulinka Rublack and Pamela Selwyn, trans., “Fluxes: The Early Modern Body and the Emotions,” *History Workshop Journal* 53(April 1, 2002): 1–16.

(16) 前掲書に加えて，以下も参照，Mary Lindemann, *Medicine and Society in Early Modern Europe*(Cambridge, UK: Cambridge University Press, 2010).

(17) この種の分析をめぐる証拠の問題は，以下で非常に有益なかたちで議論されている．Jeremy Trevelyan Burman, “History from Within? Contextualizing the New Neurohistory and Seeking Its Methods,” *History of Psychology* 15, no. 1(2012): 84–99. そのことは，バーマンから明らかであるし，いかに私がダニエル・スメイルの作品から影響を受けてきたかをここで論じている点からも明らかである．Daniel Smail, *On Deep History and the Brain*(Berkeley: University of California Press, 2008).

(18) Marie de Rabutin-Chantal, *marquise de Sévigné, Correspondance*, vol. 2: *1675–1680*, ed. Roger Duchêne(Paris: Gallimard, 1974), p. 133; Louis-Sébastien Mercier, *Panorama of Paris: Selections from Le Tableau de Paris*, ed. Jeremy D. Popkin(University Park, PA: Penn State Press, 1999), p. 97; Colin B. Bailey et al., *The Age of Watteau, Chardin, and Fragonard: Masterpieces of French Genre Painting*(New Haven, CT: Yale University Press, 2003).

(19) Jason Hughes, *Learning to Smoke: Tobacco Use in the West*(Chicago: University of Chicago Press, 2003), pp. 73–77.

(20) G. J. Barker-Benfield, *The Culture of Sensibility: Sex and Society in Eighteenth-Century Britain*(Chicago: University of Chicago Press, 1996), esp. p. 159.

(21) Henry Morley, ed., *The Spectator, in Three Volumes*, vol. 1(London: George Routledge, 1891), no. 10, March 12, 1711, at http://www.gutenberg.org/files/12030/12030-h/12030-h/SV1/Spectator1.html#section10(consulted September 24, 2013).

(22) Paul A. Shackel, *Personal Discipline and Material Culture: An Archaeology of Annapolis, Maryland, 1695–1870*(Knoxville: University of Tennessee Press, 1993).

(23) メルシエに関しては，以下を参照，*Panorama of Paris*, p. 97. Beatrice Hohenegger, *Liquid Jade: The Story of Tea from East to West*(New York: Macmil-

lan, 2006).

(24) Sévigné, *Correspondance*, vol. 2: *1675–1680*(1974), p. 729; *Correspondance*, vol. 3: *1680–1696*(Paris: Gallimard, 1978), p. 1036.

(25) Steve Pincus, " 'Coffee Politicians Does Create': Coffeehouses and Restoration Political Culture," *Journal of Modern History* 67, no. 4(December 1, 1995): 807–834.

(26) W. Scott Haine, *The World of the Paris Café: Sociability among the French Working Class, 1789–1914*(Baltimore, MD: Johns Hopkins University Press, 1998), p. 7.

(27) コーヒーの消費に関しては，E. M. Jacobs, *Merchant in Asia: The Trade of the Dutch East India Company during the Eighteenth Century*(Leiden: CNWS, 2006).

(28) とりわけ有益なのが，Alfred Schutz, *The Phenomenology of the Social World*, trans. George Walsh and Frederick Lehnert(Evanston, IL: Northwestern University Press, 1967).

(29) *Reflections on the Revolution in France: and on the proceedings in certain societies in London relative to that event. In a letter intended to have been sent to a gentleman in Paris. By the Right Honourable Edmund Burke*(first published 1790; London: J. Dodsley, 1793), p. 11〔半沢孝麿訳『フランス革命の省察』みすず書房，1978 年，15 頁〕.

(30) Ibid., p. 106〔『フランス革命の省察』91–92 頁〕.「豚のような大衆」に関しては，p. 117〔100 頁〕.

(31) 1800 年 1 月の書簡に関しては，以下で引用されている．Lynn Hunt and Margaret Jacob, "The Affective Revolution in 1790s Britain," *Eighteenth-Century Studies* 34, no. 4(Summer, 2001): 491–521, p. 497.

(32) Ibid.

(33) 引用は ibid., p. 498.

(34) Janet Afary and Kevin B. Anderson, *Foucault and the Iranian Revolution: Gender and the Seductions of Islamism*(Chicago: University of Chicago Press, 2010), p. 23.

(35) Pieter Cornelis Spierenburg, *The Prison Experience: Disciplinary Institutions and Their Inmates in Early Modern Europe*(New Brunswick NJ: Rutgers University

Press, 1991).

(36) 有益な概観として以下を参照，Norval Morris and David J. Rothman, eds., *The Oxford History of the Prison: The Practice of Punishment in Western Society* (Oxford, UK: Oxford University Press, 1995).

(37) Hans Joas, *The Sacredness of the Person: A New Genealogy of Human Rights*, trans. Alex Skinner (Washington, DC: Georgetown University Press, 2013). 私は，既に以下で同様の議論を展開させている．Lynn Hunt, *Inventing Human Rights* (New York: W. W. Norton, 2007)〔松浦義弘訳『人権を創造する』岩波書店，2011 年〕.

(38) Wim Weymans, "Revising Foucault's Model of Modernity and Exclusion: Gauchet and Swain on Madness and Democracy," *Thesis Eleven* 98 (August, 2009): 33–51.

(39) この点について，すべての文献を列挙することは不可能である．しかし，重要な出発点となるのは，Wolfgang Schivelbusch, *Tastes of Paradise: A Social History of Spices, Stimulants, and Intoxicants* (New York: Vintage Books, 1993)〔福本義憲訳『楽園・味覚・理性——嗜好品の歴史』法政大学出版局，1988 年〕.

(40) *The Women's Petition Against Coffee . . . By a Well-Willer* (London, 1674).